Paŭlo Lafargo (*Paul Lafargue*)

La rajto je pigro

Paŭlo Lafargo
(*Paul Lafargue*)

La rajto je pigro

Monda Asembleo Socia (MAS)
Sennacieca Asocio Tutmonda (SAT)

Paŭlo Lafargo (*Paul Lafargue*)

La rajto je pigro

El la franca tradukis Kribo
2-a eldono
Embres-et-Castelmaure; Parizo
Monda Asembleo Socia (MAS)
Sennacieca Asocio Tutmonda (SAT)

ISBN 978-2-36960-238-5

(= MAS-libro n-ro 251)

Enhavtabelo

Kelkaj vortoj de la tradukinto

La rajto je pigro, same kiel *Memvola servuto* (La Boesi), *Civila malobeemo* (H. D. Thoreau) kaj kelkaj aliaj tekstoj, apartenas al tiu speco de mallongaj, verve verkitaj pamfletoj, kiuj en diversaj epokoj provokis la kvietemon de konformistoj.

La aŭtoro, Paŭlo Lafargo[1], estis bofilo de Karlo Markso kaj kunkreinto de la franca laborista partio. Laŭ fakuloj pri socia historio Lafargo apartenas al la francaj marksanoj, kaj aparte al tiuj, kiuj ariĝis ĉirkaŭ Jules Guesde[2]. Sed la stilo de lia pamfleto, lia herezemo, lia provokemo pensigas ankaŭ pri la tiamaj plej viglaj anarĥiistoj, kontraŭ kiuj ja luktis lia bopatro.[3] Ankaŭ lia morto, en 1911, (li kaj lia edzino mortigis sin verŝajne pro longe pripensita decido) multe similas la memvolan finon de konataj liberecanoj.

Ĉar la ekonomia sistemo restis en 1994 tre simila al tiu reganta en 1880, kiam *La rajto je pigro* aperis en la franca, estus tre instrue legigi tiun ĉi pamfleton al nuna senlaborulo

---

1 France: Paul Lafargue [*pol lafárg*] (1842 Santiago de Kubo − 1911 Draveil, Fracujo), franca politikisto; disĉiplo kaj bofilo de Karlo Markso, fondis kun Guesde la Francan Laboristan Partion en 1882. -vl

2 Jules Bazile, nomata Jules Guesde (1845 − 1922), franca politikisto, per sia gazeto *L'Égalité* (1877 − 1883) li disvastigis marksismajn ideojn en Francujo. En 1882, kun Paŭlo Lafargo, li fondis la Laboristan Partion (*Parti ouvrier*), kiu en 1893 alinomis sin Franca Laborista Partio (*Parti ouvrier français*). En 1893 li elektiĝis parlamenta deputito. En 1902 lia partio kun aliaj partioj kunfandiĝis al la Franca Socialista Partio (*Parti socialiste français*). En la unua mondmilito, en 1914 ĝis 1916, li estis ministro kaj defendis naciismajn poziciojn. -vl

3 En Hispanujo li intervenis en la disputo inter bakunistoj kaj marksistoj en la Internacia Asocio pri Laboro, en 1871–1872. -vl

ne scianta, ke ĝi estis verkita antaŭ pli ol jarcento. Kompreneble, la statistikaĵoj kaj la cititaj faktoj kaj nomoj signifas plu nenion, sed multaj paragrafoj sonas – ve! – tre moderne!

Mi esperas, ke mia mallerta traduko, reviziita de amikino D. C., ne tro perfidas la originalan tekston.

Kribo

Paŭlo Lafargo: La rajto je pigro

Antaŭparolo

En la Komisiono de 1849 pri la unuagrada instruado, s-ro Thiers[4] diris: *"Mi volas tutpotencigi la influon de la klerikaro, ĉar mi kalkulas kun ĝi por disvastigi tiun bonan filozofion, kiu instruas al la homo, ke ĝi estas sur tiu ĉi tero por suferi kaj ne tiun alian filozofion, kiu male diras al la homo: «Ĝuu»"*. S-ro Thiers formulis la moralon de la burĝa klaso, kies kruelan egoismon kaj malvastan inteligenton li korpigis.

Dum ĝi luktis kontraŭ la nobelaro, kiun helpis la klerikaro, la burĝaro fiere montris liberpenson kaj ateismon; sed, triumfinte, ĝi ŝanĝis tonon kaj manieron; kaj hodiaŭ ĝi klopodas apogi per la religio sian ekonomian kaj politikan superregadon. En la 15-a kaj 16-a jarcentoj ĝi gajvigle reprenis la paganan tradicion kaj gloris la karnon kaj ties pasiojn, kiujn malaprobis la kristanismo; hodiaŭ, plenŝtopite de posedaĵoj kaj ĝuaĵoj, ĝi forneas la instruojn de siaj pens-

---

4   Adolphe Thiers (1797–1877), franca politikisto, ĵurnalisto kaj historiisto, kiu defendis la parlamentan monarĥion kaj estis plurfoje ministro kaj ĉefministro inter 1830 kaj 1848. Inter 1848 kaj 1851 li estis la ĉefa reprezentanto de la konservativuloj. Kiel ĉefo de la plenuma povo [de Versajlo] en 1871 (Febr.) li faris la packontrakton kun Gemanujo kaj igis sange disbati la Parizan Komunumon. Vidu Karlo Markso: La interna milito en Francujo (1871 La Pariza Komunumo) (MAS-libro n-ro 112), precipe p. 47sj, kie Markso imprese priskribas lian karieron en la tempo antaŭ la Pariza Komunumo kaj p. 80 sj liajn fiaĵojn kontraŭ la Komunumo. -vl

uloj, Rabelezo[5], Dideroto[6] … kaj predikas abstinon al la salajruloj. La kapitalisma moralo, ridinda parodio de la kristana, anatemas la karnon de la laboristo; ĝia idealo estas redukti la produktanton al la plej eta minimumo da bezonoj, forigi liajn ĝojojn kaj pasiojn kaj kondamni lin al la rolo de maŝino senĉese kaj sendanke funkcianta.

La revoluciaj socialistoj havas kiel taskon rekomenci la batalon, kiun kontraŭstaris la burĝaj filozofoj kaj pamfletistoj; ili devas sturmi la moralon kaj la sociajn teoriojn de la kapitalismo; li devas detrui en la kapoj de la agonta klaso la antaŭjuĝojn, kiujn semis la reganta klaso; ili devas proklami, fronte al la bigotoj de ĉiuj moraloj, ke la tero ĉesos esti la "plor-valo" de la laboristo; ke en la estonta komunisma socio, kiun ni fondos "pace se eblos, perforte se ne", la homaj pasioj estos senbridaj, ĉar "ĉiuj estas nature bonaj, ni havos nenion por eviti, krom ilian misuzadon kaj iliajn troigojn"[7], kaj tiuj estos evitataj nur per reciproka kontraŭbalanciĝo, nur per la harmonia disvolviĝo de la homa korpo,

---

5   François Rabelais [*fransŭá rabelé*} (1494–1553), franca verkisto. Li estis franciskano, benediktano, kuracisto kaj aventuristo. Kun vasta klasika kulturo, profunda kono de la popola tradicio kaj en spirito tolerema kaj humanisma, ne sen ironio kaj sarkasmo, li verkis en riĉa kaj imagopova stilo siajn du interligitajn romanojn "La hororaj kaj mirigaj faroj kaj heroaĵoj de la tre fama Pantagruel, reĝo de la dipsodoj" (1532, 1546 kaj 1562) kaj "Gargantua" (1534). *Laŭ PLI* -vl

6   Denis Diderot [*dení dideró*] (1713–1784), franca verkisto kaj filozofo. Lia multfaceta engaĝiĝo ebligis al li verki artkritikon, novan formon de novelo (*Jakobo la fatalisto*) kaj la "burĝan dramon", krome esprimi sin pri scienco kaj metafiziko. Lia ĉefa alporto al la progreso estis lia gvidado de la *Enciklopedio*. *Laŭ PLI* -vl

7   Kartezio: *Les Passions de l'Ame*.

ĉar, kiel diras D-ro Beddoe[8], "nur kiam raso atingas sian maksimumon da korpa disvolviĝo, tiam ĝi atingas sian maksimuman energion kaj moralan viglecon". Tia estis ankaŭ la opinio de la granda naturalisto Karlo Darvino.[9]

Malliberejo de Sankta Pelagio, 1883

P.L.

---

8   D-ro Beddoe: *Memoirs of the Anthropological Society.* – John Beddoe [*ĝon bedu*] (1826–1911), brita etnologo.-vl

9   Karlo Darvino [angle: *Charles Darwin (ĉalz daŭin)*]. *Descent of Man.* – En Esperanto ekzistas Karolo Darvino: La Origino de Specioj (*The origin of Species*). Tradukis Klivo Lendon. Antverpeno, Flandra Espernto-Ligo, 2009, 431 paĝoj, ISBN 978-90-77066-40-9 (= Serio "Scienca Penso" n-ro 1). -vl

1. Ruiniga dogmo

> "Ni pigru por ĉio, escepte por ami
> kaj trinki, escepte por pigri."
>
> *Lesingo*[10]

Stranga frenezo posedas la laboristajn klasojn de la nacioj, kie regas la kapitalisma civilizo. Tiu frenezo kuntrenas sociajn kaj individuajn mizerojn, kiuj, de antaŭ du jarcentoj, turmentas la povran homaron. Tiu frenezo estas la amo al laboro, la malsana labor-pasio, ĝisatinganta la vivfortojn de la individuo kaj de ties idaro. Anstataŭ reagi kontraŭ tiu juĝdeflankiĝo, la pastroj, la ekonomikistoj, la moralistoj sanktegigis la laboron. Blindaj kaj mensbaritaj, ili volis esti pli saĝaj ol ilia Dio; malfortaj kaj malestimindaj, ili volis rehonori tion, kion ilia Dio malbenis. Mi, kiu ne pretendas esti kristano, ekonomiulo kaj moralulo, pri ilia juĝado mi apelacias al tiu de ilia Dio; pri la predikoj de ilia religia, ekonomia, liberpensanta moralo, mi apelacias al la teruraj konsekvencoj de la laboro en la kapitalisma socio.

En la kapitalisma socio la laboro kaŭzas ĉiun intelektan degeneron, ĉiun organan misformiĝon. Komparu la purrasan

---

10 Gotthold Ephraim Lessing (1729-1781), germana eseisto kaj dramisto. En Esperanto ekzistas: Gotthold Ephraim Lessing: Natan la Ŝaĝulo. Drameca poemo en kvin aktoj. Tradukita el la Germana lingvo de Karl Minor, L.K.. Esperanto-Verlag Ellersiek & Borel, Berlin kaj Dresden, 1923 (= Nova Espeeranto-Biblioteko n-ro 9). -vl

1. Ruiniga dogmo

ĉevalon de la Rothschild[11]-aj staloj, kiun servas lakearo da dumanuloj, kun la peza bruto el la normandaj farmoj, kiu plugas la grundon, transportas la sterkon, engarbejigas la rikolton. Rigardu la noblan sovaĝulon, kiun la misiistoj de la komerco kaj la komercistoj de la religio ankoraŭ ne koruptis per la kristanismo, la sifiliso kaj la dogmo de la laboro, kaj poste rigardu niajn mizerajn maŝinservantojn.[12].

Parolante pri la praloĝantoj de la Oceaniaj Insuloj, Lordo Georgo Campbell skribis: "En la mondo ne ekzistas popolo pli okulfrapa ĉe la unua ekvido. Ilia glata, hele kuprokolora haŭto, iliaj orkoloraj kaj krispaj haroj, ilia bela kaj ĝoja vizaĝo, unuvorte ilia tuta persono konsistigis novan kaj belegan specimenon de la homa specio[13]; ilia korpa aspekto donis la impreson pri raso supera al la nia."[14] La civilizuloj de la antikva roma regno, Cezaro[15], Tacito[16], same admire kontemplis la ĝermanojn de la komunistaj triboj, kiuj invadis la Roman Imperion. Same kiel Tacito, Salviano, la pastro de la kvina jarcento, kiun oni kromnomis "la ĉefpastra mastro", citis la barbarojn kiel ekzemplojn al la civilizitoj kaj al la

---

11 Meyer Amschel Rothschild (1743-1812), germana bankisto kaj fondinto de fama financista dinastio. -vl

12 La eŭropaj esploristoj ekhaltas, mirigate antaŭ la korpa beleco kaj la nobla aspekto de la homoj el la primitivaj popoloj, ne makulitaj de tio, kion Paeppig nomis la "venena blovo de la civilizo".

13 Originale: "genus homo". -vl

14 Lord George Campbell: "Log-letters from «The Challenge»", Londono kaj Novjorko, 2-a, reviziita eldono, 1877. -vl

15 Caius Julius Caesar (100 aŭ 101-44 a.n.e.), la rimarko koncernas precipe lian verkon *De bellum gallicum* [Pri la gaŭla milito]. -vl

16 Publius Cornelius Tacitus (55-120), latina historiisto, prokunsulo pri Azio (110-113). Lia verko pri la ĝermanoj estis *Germania*. -vl

kristanoj: "Ni estas malĉastaj meze de la barbaroj, pli ĉastaj ol ni. Eĉ pli, la barbaroj estas ŝokitaj de niaj malĉastaĵoj, la gotoj ne toleras, ke estu inter ili diboĉuloj de la propra nacio; en ilia medio nur la romanoj rajtas malvirti, pro la malinda privilegio de sia nacieco kaj de sia nomo. [La pederastio[17] tiam estis tre laŭmoda inter la paganoj kaj la kristanoj …]. La subprematoj foriras ĉe la barbarojn por trovi humanecon kaj ŝirmejon" (*De Gubernatione Dei*). – La malnova civilizo kaj la renaskiĝanta kristanismo koruptis la barbarojn de la malnova mondo, same kiel la maljuniĝinta kristanismo kaj la moderna kapitalisma civilizo koruptas la sovaĝulojn de la nova mondo.

S-ro F. Le Play, kies observtalenton oni devas agnoski, dum oni forneas liajn sociologiajn konkludojn, diras en sia libro "La eŭropaj laboristoj" (1885):

> "La inklino de la baŝkiroj al la mallaboro (la baŝkiroj estas duonnomadaj paŝtistoj ĉe la azia flanko de Uralo), la ripozamuzoj de la nomada vivo, la kutimoj de meditado, kiujn ili naskas ĉe la plej naturdotitaj individuoj, ofte donas al tiuj ĉi distingitecon en la gestoj, subtilecon en la inteligento kaj en la juĝkapablo, kiujn oni malofte rimarkas ĉe la sama socinivelo en pli evoluinta civilizo … Plej naŭzas ilin la kampkulturaj taskoj; ili ĉion faras pli vole ol akcepti la kampkulturistan metion."

---

17 Seksinklino de plenkreska viro al knaboj, ankaŭ: pedofilio pri knaboj. -vl

1. Ruiniga dogmo

Efektive, kampkulturo estas la unua manifestiĝo de la servuteca laboro en la homaro. Laŭ la Biblia tradicio la unua krimulo, Kaino[18], estas kampkulturisto.

Kiam en nia civilizita Eŭropo oni volas retrovi spuron de la origina belo de la homo, oni devas iri serĉi ĝin ĉe la nacioj, kie la ekonomiaj antaŭjuĝoj ankoraŭ ne elradikigis la malamon al laboro. Hispanio, kiu, ve! degeneras, ankoraŭ povas fieri, ke ĝi posedas malpli da fabrikoj ol ni da malliberejoj kaj kazernoj; sed la artisto ĝojas, admirante la maltiman andaluzon, brunan kiel kaŝtanoj, rektan kaj flekseblan kiel ŝtala stango; kaj la homa koro ektremas, aŭdante la almozulon belege paradantan en sia truita "capa" (mantelo) kaj nomi "amigo" (amiko) dukojn de Ossuna. Por la hispano, ĉe kiu la primitiva animalo ne atrofiiĝis, la laboro estas la plej aĉa el la sklavecoj.[19]

Ankaŭ la grandepokaj grekoj sentis nur malestimon al laboro: nur la sklavoj rajtis labori. La libera homo konadis nur la korpajn ekzercojn kaj la ludojn de la inteligento. Tio estis ankaŭ la epoko, kiam oni marŝis kaj spiris en la popolo de Aristotelo, Fidiaso, Aristofano; la epoko, kiam manpleno da bravuloj venkegis en Maratono la hordojn el Azio, kiun Aleksandro estis baldaŭ konkeronta. La antikvaj filozofoj

---

18 Laŭ la Malnova Testamento, Kaino murdis sian fraton Abelo pro ĵaluzo je la favoro de Dio. En: IKUE kja KELI (ed.): Biblio, KAVA-PECH, Prago, 2006, ISBN 80-85853-90-6 (= Serio Orieto-Okcidento, eksterord. eld.), Genezo, ĉap. 4, p. 8. -vl

19 La hispana proverbo diras: "Descansar es salud" (Ripozo estas sano).

instruis la malestimon al laboro, tiu malnobligo de la libera homo; la poetoj prikantis la pigron, tiun donacon de la Dioj:

O Meliboe, Deus nobis haec otia fecit[20]

> Kristo, en sia surmonta parolado, predikis la pigron: "Kontemplu la kreskadon de la kamp-lilioj, ili nek laboras nek ŝpinas, kaj tamen, tion al vi mi diras, Salomono, en sia tuta gloro, ne estis pli brile vestita."[21]

Jehovo[22], la barba kaj malloga do, montris al siaj adorantoj la gravegan ekzemplon pri ideala pigro; post ses tagoj da laboro li ripozis eterne.

Male, por kiuj rasoj la laboro estas organisma nesesaĵo? La aŭvernjanoj[23]; la skotoj, tiuj aŭvernjanoj en Britio; la galicianoj, tiuj aŭvernjanoj en Hispanio; la pomeroj, tiuj aŭvernjanoj en Germanio; la ĉinoj, tiuj aŭvernjaoj en Azio. En nia socio, kiuj klasoj amas la laboron pro la laboro? La bienposedantaj kampuloj, la etburĝoj, la unuaj kurbigitaj al siaj kampoj, la aliaj alkutimaĉigitaj al siaj butikoj, moviĝas same kiel talpo en ties subtera galerio, kaj neniam rerektiĝas por trankvile rigardi la naturon.

---

20 "Ho Melibeo*, dio donis al ni tiun senfarecon". Virgilio, "Bukolikoj". – *) Melibeo: urbo en Tesalio, Greklando. -vl

21 Evangelio laŭ Sankta Mateo, ĉap. VI. – En Biblio (v.c.),

22 Unu el la nomoj de la juda-kristana-islama dio. -vl

23 Loĝantoj de la franca regiono Auvernjo, en la centra altebenaĵo, mal-multe loĝata. -vl

Kaj tamen la proletaro − la granda klaso, kiu entenas ĉiujn produktantojn de la civilizitaj nacioj, la klaso, kiu, emancipiĝante, emancipos la homaron el la sklavaĉa laboro kaj faros el la homa animalo liberan estulon − la proletaro, perfidante sajn instinktojn miskonante sian historian mision, sin lasis perversigi per la labordogmo. Kruda kaj terura estis ĝia puno. Ĉiuj individuaj kaj sociaj mizeroj naskiĝis el la pasio por laboro.

2. Benoj al laboro

En 1770 aperis en Londono anonima verkaĵo titolita *An Essay on Trade and Commerce* (Eseo pri negoco kaj komerco). Tiuepoke ĝi havis ian disfamiĝon. Ĝia aŭtoro, granda filantropo, indignis pro tio, ke

> "la manufaktura plebo de Anglio enkapigis al si la fiksan ideon, ke, kiel angloj, ĉiuj individuoj konsistigantaj tiun plebon, havas, pro ties naskiĝa rajto, la privilegion esti pli liberaj kaj pli sendependaj ol la laboristoj de kiu ajn alia eŭropa lando. Tiu ideo povas esti utila por la soldatoj, kies maltimon ĝi stimulas; sed ju malpli ĝi influas la manufakturistojn, des pli bone por ili kaj por la ŝtato. Laboristoj devus neniam sin kredi sendependaj de siaj superuloj. Ege danĝeras, kuraĝigi tiajn entuziasmojn en komerca ŝtato kia estas la nia, kie eble la sep okonoj de la loĝantaro havas nur iom aŭ neniom da posedaĵo. La kuracado ne estos kompleta, tiom longe dum

niaj malriĉuloj el la industrio ne rezignos labori ses tagojn por la sama sumo, kiun ili gajnas en kvar."

Tiel, proksimume jarcenton antaŭ Guizot [*gizó*], oni malkaŝe predikis en Londono la laboron kiel bremson al la noblaj pasioj de la homo.

"Ju pli laboros miaj popoloj, des malpli estas da malvirtoj", skribis Napoleono en Osterode, la 5-an de Majo 1807. " … Mi estas la aŭtoritato kaj mi pretus ordoni, ke dimanĉe, post la diserva horo, la butikoj estu malfermitaj kaj la laboristoj resenditaj al sia laboro."

Por elradikigi la mallaboremon kaj submeti la fieremon kaj sendependemon, kiujn ĝi naskas, la aŭtoro de la *"Essay on Trade …"* proponis malliberigi la malriĉulojn en la ideal-ajn laborejojn (*"ideal workhouses"*), kiuj fariĝus *"terurejoj, kie oni laborigus 14 horojn ĉiutage, tiel ke, post subtraho de la manĝtempo, restus 12 plenaj kaj kompletaj laborhoroj."*

Dek du horoj da laboro ĉiutage, jen la idealo de la filantropoj kaj moralistoj 18-jarcentaj. Kiam ni superis tiun *nec plus ultra*! La modernaj laborejoj fariĝis idealaj pundomoj, kien oni malliberigas la laboristajn amasojn, kie oni kondamnas je 12 ĝis 14 horoj da punlaboro ne nur la virojn, sed ankaŭ la virinojn kaj la infanojn![24]

------

24 En la unua kongreso pri bonfarado en Bruselo en 1857 unu el la plej riĉaj manufaktur-posedantoj el Marquette, apud Lillo, s-ro Scrive, aplaŭdate de la kongresanoj, rakontis kun la plej nobla kontenteco

2. Benoj al laboro

Kaj kiam oni memoras, ke la filoj de la Teror-herooj[25] sin lasis malnobligi per la religio de laboro tiagrade, ke ili akceptis post 1848 kiel revolucian konkeraĵon la leĝon limigantan al dek du horoj la laboron en la fabrikoj; ili proklamis kiel revolucian principon la rajton je laboro! Honton al la franca proletaro![26] Nur sklavoj kapablus tian aĉaĵon. Necesus dudek jaroj da kapitalisma civilizo al greko de la heroa epoko por koncepti tian malnoblaĵon.

Kaj se la doloroj de la trudlaboro, se la torturoj de la malsato falis sur la proletaron pli multaj ol la bibliaj akridoj, estas ja ĝi mem, kiu vokis ilin.

Tiun laboron, kiun en Junio 1848 la laboristoj postulis kun armiloj en la manoj, ili trudis al siaj familioj; ili liveris al la baronoj de la industrioj siajn edzinojn kaj filojn. Propramane ili detruis sian hejmon; propramane ili elsekigis la lakton de siaj edzinoj; la kompatindulinoj, gravedaj kaj mamnutrantaj, devis iri en la minejojn kaj la manufakturojn por streĉi sian spinon kaj ellacigi siajn nervojn; propramane ili disrompis la vivon kaj la viglon de siaj infanoj. – Honton al la proletoj!

---

pro la plenumita tasko: *"Ni enkondukis kelkajn distro-rimedojn por la infanoj. Al ili ni instruas kanti dum la laboro, ankaŭ kalkuli, laborante; tio distras ilin kaj igas ilin kuraĝe akcepti tiujn dek du laborhorojn necesajn por havigi al ili vivrimedojn."* Dek du horoj da laboro, kaj kia laboro! Truditaj al malpli ol 12-jaraj infanoj! La materiistoj ĉiam bedaŭras, ke ne ekzistas infero por tie alnajli tiujn kristanojn, tiujn filantropojn, turmentistojn de la infanaro!

25 Aludo al tiu epoko de la Franca Revolucio nomata la Teroro, dum kiu decidiĝis la konstitucio (1793–1794) sub la gvido de Robespjero. -vl

26 La ribelantaj parizaj laboristoj en 1848 postulis antaŭ ĉion la "rajton je laboro" kaj la "organizadon de la laboro". -vl

Kie estas tiuj babilulinoj, pri kiuj parolas niaj mezepokaj fabeloj kaj niaj malnovaj rakontoj, parol-aŭdacaj, vort-sinceraj, amantinoj de la rava botelo? Kie estas tiuj petolulinoj, ĉiam trotantaj, ĉiam kuirantaj, ĉiam kantantaj, ĉiam semantaj la vivon kaj naskantaj la ĝojon, sendolore akuŝantaj sanajn kaj viglajn idojn? ... Ni havas nun la fabrik-knabinojn kaj virinojn, malviglajn, palkolorajn florojn, kun sango sen ruĝa brilo, kun ruiniĝinta stomako, kun moliĝintaj membroj! ... Ili neniam konis la fortikan plezuron kaj ne scius malprude rakonti kiel oni rompis al ili la ŝelon! – Kaj la infanoj? Dek du horojn da laboro al la infanoj! Ho mizero! – Sed ĉiuj Julo Simon[27] el la Akademio de la moralaj kaj politikaj sciencoj, ĉiuj Germiny-oj[28] el la jezuitaro, ne povus elpensi pli brutigan malvirton por la inteligento de la infanoj, pli koruptan por iliaj instinktoj, pli detruan por ilia organismo, ol la laboron en la malpura atmosfero de la kapitalista laborejo.

Onidire nia epoko estas la jarcento de la laboro; efektive ĝi estas la jarcento de la doloro, de la mizero kaj de la korupto.

Kaj tamen la filozofoj, la burĝaj ekonomikistoj, de la penige konfuza Aŭgusto Comte[29] ĝis la ridinde klara Leroy-Beaulieu[30], la burĝaj literaturistoj, de la ĉarlatane romantika

---

27 Jules Simon (1814–1896), respublikana politikisto kaj profesoro pri filozofio. -vl

28 Grafo de Germiny, politikisto favora al la eklezio. -vl

29 Isidore Marie Auguste François Comte (1798–1857), franca matematikisto, filozofo kaj religi-kritikanto, konsiderata kiel la fondinto de la pozitivismo kaj de la termino *sociologio*. -vl

30 Pierre Paul Leroy-Beaulieu (1843–1916), franca ekonomikisto. -vl

2. Benoj al laboro

Viktoro Hugo[31] ĝis la naive groteska Paŭlo de Kock[32], ĉiuj ekkantis la naŭzajn kantojn honore al la Dio Progreso, la plej aĝa filo de la Laboro. Laŭ ili, la feliĉo estis regonta sur la tero: jam oni sentis ties alvenon. Ili iris en la pasintajn jarcentojn esplorfosi la feŭdajn polvon kaj mizeron por realporti malhelajn senvalorigilojn al la nuntempaj delicoj. Kiel ili tedis nin, tiuj plensatuloj, tiuj kontentuloj, antaŭe ankoraŭ membroj de la grandsinjora servistaro, hodiaŭ plum-lakeoj de la burĝaro, grase rentumitaj; kiel ili tedis nin per la kampulo de la retorikisto La Bruyère[33]! Nu! Jen la brila pentraĵo de la proletaraj ĝuoj en la jaro 1840 de kapitalisma progreso, pentrita de unu el ilia tendaro, d-ro Villermé, institut-membro, la sama, kiu en la jaro de la kapitalisma progreso 1848 estis ano de tiu sciencularo (anis ankaŭ Thiers, Cousin, Passy, Blanqui[34] la akademiano), kiu disvastigis ĉe la popolo la stultaĵojn de la burĝaj ekonomio kaj moralo.

Pri la manufakture disvolvita Alzaco parolas d-ro Villermé, pri la Alzaco de Kestner, Dollfus, tiuj floroj de la filantropio kaj de la industria respublikanismo. Sed antaŭ ol la doktoro pentros antaŭ ni la proletarajn mizerojn, ni aŭskultu alzacan manufakturposedanton, s-ron Th. Mieg, el

---

31 Victor Hugo [*viktór higó*] (1802–1885), franca verkisto. -vl
32 Paul de Kock, verkisto. -vl
33 Jean de La Bruyère [*ĵa de la brijér*] (1645 –1696), franca verkisto, fama pro sia traduko de la karakter-studaĵoj el la antikva greka de la Aristotela disĉiplo Teofrasto (3-a jc. a.n.e.), al kiu li aldonis mem verkitajn karakter-studaĵojn de la siatempa nobelaro. -vl
34 Adolphe Blanqui (1790–1854), ekonomikisto, frato de la revoluciulo Blankio (Louis Auguste Blanqui). -vl

la firmao Dollfus, Mieg kaj K-io, priskribantan la situacion de la malnovindustria metiisto:

> "En Mulhaŭzo, antaŭ kvindek jaroj (en 1813, dum naskiĝis la moderna meĥanika industrio) ĉiuj laboristoj tie estis idoj de la grundo, loĝante en la urbo kaj la ĉirkaŭaj vilaĝoj kaj preskaŭ ĉiuj posendante domon kaj ofte kampeton."

Tio estis la ora epoko de la laboristo. Sed tiam la alzaca industrio ne inundis la mondon per siaj kotonaĵoj kaj ne milionuligis siajn Dollfus kaj siajn Koechlin. Sed dudek kvin jarojn poste, kiam Villermé vizitis Alzacon, la moderna minotaŭro, la kapitalista laborejo estis konkerinta la landon; en sia konsumavido je homa laboro ĝi estis perforte forpreninta la laboristojn for el iliaj hejmoj por pli bone tordi ilin kaj pli bone elŝprucigi la laboron, kiun ili entenis. Milope la laboristoj alkuris ĉe la fajfado de la maŝino.

> "Granda nombro", diras Villermé, "kvin mil el dek sep mil, estis devigataj, pro la multa kosto de la luprezoj, loĝi en la najbaraj vilaĝoj. Kelkaj loĝis je naŭ kilometroj for de la manufakturo, kie ili laboris."

> "En Mulhaŭzo, en Dornaĥo, la laboro komenciĝis je la kvina matene kaj finiĝis je la kvina vespere, tiel somere kiel vintre [...]. Indas vidi ilin alveni ĉiumatene en la urbon kaj ĉiuvespere

foriri. Estas inter ili arego da palaj, malgrasaj virinoj, nudpiede marŝantaj meze de la koto kaj kiuj, pro manko de pluvombrelo, kovras sian kapon, kiam pluvas aŭ neĝas, per siaj antaŭtukoj aŭ subjupoj por ŝirmi la vizaĝon kaj la kolon. Estas ankoraŭ pli granda nombro da junaj infanoj, ne malpli malpuraj, ne malpli pale malgrasegaj, ĉifone vestitaj, tute grase makulitaj pro la maŝin-oleo, kiu falas sur ilin dum ili laboras. Ĉilastaj, pli bone ŝirmitaj kontraŭ la pluvo pro la akvorepelo de siaj vestaĵoj, eĉ ne havas ĉebrake, kiel la virinoj pri kiuj mi ĵus parolis, korbon, kie troviĝas la taga manĝprovizo; sed ili portas en la mano, aŭ kaŝas sub sia jako aŭ kiel ili povas la panpecon, kiu devos nutri ilin ĝis la horo de rehejmeniro.

Tiel al la laciĝo pro ege longa tago − ĉar almenaŭ 15-hora − aldoniĝas por tiuj kompatinduloj tiu pro la tiom oftaj, tiel penigaj iroj-revenoj. Rezulte, vespere ili hejmen alvenas, premegite de la dorm-bezono, kaj sekvatage ili eliras, ne tute ripozinte, por troviĝi ĉe la laborejo je la malfermhoro.”

Jen nun la loĝejaĉoj, kie konpuŝiĝis tiuj loĝantaj en la urbo:

“Mi vidis en Mulhaŭzo, en Dornaĥo, tiajn aĉajn loĝejojn, en kiuj du familioj kuŝis ĉiu en angulo, sur la surkahelplanka pajlo, kiun retenis du tabuloj […] Tiu mizero, en kiu vivas la laboristoj de la kotonindustrio en la departemento Alta Rejno, estas tiel profunda, ke ĝi rezultigas, ke dum en la familioj de la fabrik-negociistoj, drapistoj, uzin-direktoroj, duono el la infanoj atingas la dudekan jaron, tiu sama duono ĉesas ekzisti antaŭ du plenaj jaroj en la familioj de la teksistoj kaj de la laboristoj de la kontonteksejoj."

Parolante pri la laboro en laborejo, Villermé aldiras:

"Tio ja ne estas laboro, tasko, sed torturo, kaj ĝin oni trudas al ses- aŭ ok-jaraj infanoj [...]. Estas tiu longa ĉiutaga torturado, kiu subfosas precipe la laboristojn en la kotonteksejoj."

Kaj pri la labordaŭro Villermé rimarkigas, ke la punlabor-uloj laboris nur dek horojn, la antiliaj sklavoj meznombre naŭ horojn, dum ekzistis en la Francio, kiu faris la Revoluci-on de 1789, kiu proklamis la pompajn Homrajtojn, manu-fakturoj en kiuj la labortago daŭris dek ses horojn, el kiuj oni konsentis al la laboristoj unu horon kaj duonon por la man-ĝoj.[35]

---

35 L. R. Villermé: *Tableau de l'état physique et moral des ouvriers dans les fabriques de coton, de laine et de soie* [Priskribo de la korpa kaj morala stato de la laboristoj en la koton-, lan- kaj silk-fabrikoj], 1840. Ne estis tial, ke Dollfus, Koechlin kaj aliaj alzacaj fabrikistoj estis respublikanoj, patriotoj kaj protestantaj filantropoj, ke ili tiel traktis siajn laboristojn; ĉar Blanqui la akademiano, Reybaud, la pratipo de Jerôme Paturot*, kaj Jules Simon, la politika ĉiofaranto, konstatis la samajn mildaĵojn por la laborista klaso ĉe la tre katolikaj kaj tre monarĥiemaj fabrikistoj de Lillo kaj Liono. Tio estas ja kapitalistaj virtoj rave harmoniantaj kun ĉiuj politikaj kaj religiaj konvinkoj.

2. Benoj al laboro

Ho, mizera aborto de la revoluciaj principoj de la burĝaro! Ho, vea donaco de ĝia dio Progreso! La filantropoj aklamas kiel homarajn bonfarantojn tiujn, kiuj, por riĉiĝi pigrante, donas laboron al la malriĉuloj; preferindus semi la peston, veneni la fontojn, ol starigi fabrikojn meze de kampara loĝantaro. Enkonduku la fabrik-laboron, kaj adiaŭ ĝojo, sano, libero, adiaŭ ĉio, kio faras la vivon bela kaj vivinda.[36]

Kaj la ekonomikistoj ripetadas al la laboristoj:

"Laboru por pliigi la socian riĉecon!" Kaj tamen ekonomikisto, Destut de Tracy[37], respondas al ili: *"En la malriĉaj nacioj, tie la popolo bonfartas; en la riĉaj nacioj, tie ĝi kutime estas malriĉa"*. Kaj lia disĉiplo Cherbuliez[38] jene daŭrigas:

---

    *) Jerôme Paturot, romanfiguro (de Louis Reybaud): kun la senco: li povas ĉion kaj tiam tamen ne taŭgas. -vl

36 La indianoj de la militemaj triboj en Brazilo mortigas siajn kriplulojn kaj siajn maljunuljn. Ili esprimas sian amikecon, ĉesigante la vivon, kiun ne plu ĝojigas bataloj, festoj kaj dancoj. Ĉiuj primitivaj popoloj tiel pruvis sian amon al siaj kunuloj; la masaĝetoj ĉe la Kaspia Maro (Herodoto) same kiel la ŭenoj* en Germanio kaj la keltoj en Gallio. En la svedaj preĝejoj ankoraŭ lastatempe oni konservis la t. n. familiajn klabojn, kiuj utilis por liberigi la parencojn el la malĝojaĵoj de la maljunaĝo. Kiom degenerintaj estas la modernaj proletoj, pacience akceptante la terurajn mizerojn de la fabrik-laboro!

    *) Ŭenoj, en la franca originalo: *Wens*. ĉu eble *Wenden*, ŭendoj?

37 Antoine Destutt de Tracy [*antŭán destít de trasí*] (1754 –1836), franca filozofia verkisto; liberala politikisto kaj ekonomikisto; defendanto de la interesoj de la burĝaro kontraŭ la laborista klaso. El "La kapitalo", MAS-libro n-ro 166, p. 895. -vl

38 Antoine Élisée Cherbuliez [*antŭán elizé ŝerbiliéz*] (1797–1869), svisa politikisto kaj ekonomikisto, disĉiplo de Sismondi. -vl

> "La laboristoj mem, kunhelpante en la
> akumulado de la produktivaj kapitaloj,
> kontribuas al la okazaĵo, kiu pli aŭ malpli frue
> devas senigi ilin je parto de ilia salajro."

Sed, surdigite kaj stultigite per sia propra hurlado, jen la ekonomikistoj respondas: "Laboru, laboradu por krei vian bonfarton!" Kaj nome de la kristana indulgo, pastro de la anglikana eklezio, reverendo Townsend ĉantas:

> "Laboru, laboru tage-nokte; laborante vi kreski-
> gas vian mizeron kaj via mizero evitas al ni trudi
> al vi la laboron per la leĝ-efiko. La leĝa labor-
> trudo estas tro peniga, postulas tro da perforto kaj
> tro bruas; male, la malsato estas ne nur paca,
> silenta, senĉesa premado, sed kiel la plej natura
> instigilo de laboro kaj de industrio ĝi naskas la
> plej grandajn strebadojn."[39]

---

39 Joseph Townsend (1739–1816), angla kleriko, geologo kaj sociologo, disvolvis teorion pri loĝantaro, kiun Maltuso plu disvolvis . -vl

2. Benoj al laboro

Laboru, laboru, proletoj, por pligrandigi la socian riĉecon kaj viajn individuajn mizerojn; laboru, laboru, por ke, pli malriĉiĝante, vi havu pli da kialoj por labori kaj mizeri. Tia estas la senkompata leĝo de la kaptalisma produktado.

Tial ke, aŭskultante la trompajn parolojn de la ekonomikistoj, la proletoj sin fordonis korpe kaj anime al la malvirto de laboro, ili puŝas la tutan socion en tiujn industriajn krizojn de superproduktado, kiuj skuas la socian organismon. Tiam, ĉar tro abundas la varoj kaj mankegas la aĉetantoj, la laborejoj fermiĝas kaj la malsato vipas la laboristan popolon per sia milrimena vipo. La proletoj, brutigite per la dogmo de laboro, ne komprenante, ke la kromlaboro, kiun ili puntrudis al si dum la periodo de laŭdira prospero, estas la kaŭzo de ilia nuna mizero, anstataŭ kuri al la tritik-grenejo kaj krii: "Ni malsatas kaj volas manĝi! ... Vere ni havas eĉ ne groŝon, sed kvankam mizeruloj, ni estas tiuj, kiuj rikoltis la tritikon kaj la vinberojn ..."

Anstataŭ sieĝi la magazenojn de s-ro Bonnet, de Jujurieux, la inventinto de la industriaj monaĥejoj, kaj krii: "S-ro Bonnet, jen viaj ovalistaj[40] laboristinoj, silktordistinoj, ŝpinistinoj, teksistinoj, ili frostotremas sub siaj flikaĉitaj kotonaĵoj, kiuj povus ĉagreni judan okulon, kaj tamen estas ili, kiuj ŝpinis kaj teksis la silkorobojn de la publikulinoj de la tuta kristanaro. La kompatindulinoj, laborante dek tri horojn

____

40 Ovalisto: laboristo, kiu ovaligas la silkon. -kr

ĉiutage, ne havis la tempon pensi pri sia tualeto, nun ili senlaboras kaj povas susurigi la silkaĵojn, kiujn ili ellaboris. Tuj kiam ili perdis siajn laktodentojn, ili sin oferis por via riĉeco kaj vivis en abstino; nun ili havas libertempon kaj volas iom ĝui la fruktojn de sia laboro. Nu, S-ro Bonnet, liveru viajn silkaĵojn, s-ro Harmel disponigos sian muslinon, s-ro Pouyer-Quertier siajn kalikotojn, s-ro Pinet siajn botetojn por iliaj karaj piedetoj malvarmaj kaj malsekaj … Viglaj kaj vestitaj de piedo ĝis kapo, ili plezurigos vian okulon.

Nu, ne hezitu, vi estas la amiko de la homaro, ĉu ne? Kaj kristano, krome? − Disponigu al viaj laboristinoj la riĉaĵon, kiun ili konstruis al vi per karno el sia karno. − Ĉu vi estas amiko de komerco? − Faciligu la var-cirkuladon; jen jam trovitaj konsumantoj; malfermu al ili senliman krediton. Vi ja estas devigata konsenti krediton al negocistoj, kiujn vi neniel konas, kiuj donis al vi nenion, eĉ ne glason da akvo. Viaj laboristinoj senŝuldigos sin kiel ili povos; se, kiam alvenos la pagdato, ili fuĝos spite sian subskribon, vi deklaros ilin bank-rotantinoj, kaj se ili havos nenion konfiskeblan, vi postulos, ke ili pagu per preĝoj: ili sendos vin en paradizon, pli bone ol viaj nigraj sakoj kun ties tabakŝtopita nazo[41]."

Anstataŭ profiti de la krizmomentoj por ĝenerala distribu-ado de la produktoj kaj por universala ĝojado, la laboristoj, malsategante, iras kapimpeti kontraŭ la pordojn de la labore-jo. Kun malsane palaj vizaĝoj, malgrasiĝintaj korpoj, kom-

____

41 Laŭ la germana versio: "pli bone ol viaj bonstataj pastroj". -vl

patindaj paroladoj, ili sieĝas la fabrikestrojn: "Bona S-ro Chagot, milda S-ro Schneider, donu laboron al ni, turmentas nin ne la malsato, sed la laborpasio!" Kaj tiuj mizeruloj, kiuj apenaŭ kapablas plu stari, vendas dek du kaj dek kvar horojn da laboro duoble malpli kare, ol kiam ili havis laboron laŭvole. Kaj la industriaj filantropoj jen profitas la sendungon, fabrikante malpli koste.

Se la industriaj krizoj sekvas la periodojn de superlaboro tiel fatale kiel la nokto sekvas la tagon, trenante post si la devigan senlaborecon kaj la sensolvan mizeron, ili sekvigas ankaŭ senindulgan bankroton. Tiom longe, dum la fabrikestro havas krediton, li malstreĉas la bridon al la laborfrenezo, li monpruntas kaj plue monpruntadas por liveri la krudan materialon al la laboristoj. Li produktigas sen pripensi, ke la merkato ŝtopiĝas kaj ke, se liaj varoj ne atingas disvendadon, liaj biloj ja atingos la pagdaton. Premate, li iras plorpeti al la judo, li ĵetas sin al liaj piedoj, ofertas al li sian sangon, sian honoron. "Iom da oro pli taŭgus al mia afero, respondas la Rothschild-o, vi havas 20 000 ŝtrumpparojn en magazeno, ili valoras po dudek soldoj[42], mi prenas ilin je 4 soldoj." Akirinte la ŝtrumpojn, la judo vendas ilin po 6 kaj 8 soldoj kaj enpoŝigas la gajigajn centsoldajn monerojn, kiuj ŝuldas ion al neniu; sed la fabrikestro retroiris por pli bone salti. Fine alvenas la disfuĝego kaj la magazenoj malŝtopiĝas; oni tiam forĵetas tiom da varoj tra la fenestrojn, ke oni ne scias,

---

42   Soldo: tiama franca monero, valora je kvin centonoj da franko. "En la 19-a jarcento la gazeto kostis 1 soldon, do 5 centonojn [de eŭro], sed hodiaŭ la gazetoj kostas almenaŭ 1 eŭron."
(http://www.lfp.cz/spip.php?article1752) -vl

kiel ili eniris tra la pordo. Per centoj da milionoj kalkuliĝas la valoro de la detruitaj varoj; en la pasinta jarcento oni ilin forbruligis aŭ ĵetis en la akvon.[43]

Sed antaŭ ol atingi tiun konkludon, la fabrikestroj trakuras la mondon serĉante merkaton por la stakiĝantaj varoj; ili devigas sian registaron aneksi Kongolandojn, ekkapti Tonkinojn, forkanoni la muregojn de Ĉinio, por ke ili tie vendu siajn kotonaĵojn. En la pasintaj jarcentoj Francio kaj Anglio interbatalegis por havi la ekskluzivan privilegion vendi en Ameriko kaj en Hindio. Miloj da junaj kaj viglaj viroj ruĝigis la marojn per sia sango dum la koloniaj militoj de la 11-a, 16-a kaj 18-a jarcentoj.

Samkiom la varoj, abundas la kapitaloj. La financistoj ne scias kien ilin investi; tiam ili iras ĉe la feliĉajn naciojn, kiuj sungapas, fumante cigaredojn, kaj tie instalas fervojojn, starigas fabrikojn kaj enportas la malbenon de la laboro. Kaj tiu eksportado de francaj kapitaloj finiĝas iun belan matenon per diplomatiaj komplikaĵoj: en Egiptio estis ekbatalontaj Francio, Anglio kaj Germanio por scii, kiuj estas la unue pagotaj uzuristoj; per militoj en Meksiko, kien oni sendas la francajn soldatojn roli kiel asignistoj por enkasigi aĉajn ŝuldojn.[44]

---

43 Ĉe la industria kongreso okazinta en Berlino, la 21-an de Januaro 1879, oni taksis je 568 milionoj da frankoj la perdon, kiun suferis la fer-industrio en Germanio dum la lasta krizo.

44 "La Justice" de s-ro Clémenceau, en sia financa rubriko, diris la 6-an de Aprilo 1880: "Ni aŭdis subteni tiun opinion, ke, sen Prusio, la miliardoj de la 1870-milito estus *tutsame perditaj* de Francio, kaj tio, en formo de monpruntoj periode emisiataj por ekvilibrigi fremdajn

2. Benoj al laboro

Ĝis nun mia tasko estis facila, mi devis nur priskribi realajn, ve! de ĉiuj konatajn malbonaĵojn. Sed konvinki la proletaron, ke perversa estas la al ĝi inokulita dogmo, ke la senbremsa laborego, al kiu ĝi sin fordonis jam ekde la jarcenta komenco, estas la plej terura plago, kiu iam trafis la homaron; ke la laboro fariĝos plezurspico de la pigro, bonfara ekzerco por la homa organismo, utila pasio por la socio, nur kiam ĝi estos prudente reguligita kaj limigita je maksimume tri horoj en la tago – tio estas malfacilega tasko superanta miajn fortojn. Nur fiziologoj, higienistoj, komunistaj ekonomikistoj povus ĝin entrepreni. En la sekvantaj paĝoj mi limigos min demonstri, ke pro la ekzisto de la modernaj produktiloj kaj ties senlima produktivo, nepre necesas regi la deliran pasion de la laboristoj por laboro kaj devigi ilin konsumi la varojn, kiujn ili produktas.

3. Kio sekvas la superproduktadon

Greka poeto de la cicerona periodo jene prikantis la inventon de la akvomuelilo (por mueli la grenon): ĝi estis

---

buĝetojn; tio estas ankaŭ nia opinio". Oni taksas je kvin miliardoj la perdon de la anglaj kapitaloj en la monpruntoj de la Sudamerikaj Respublikoj. La francaj laboristoj ne nur produktis la kvin miliardojn pagitajn al s-ro Bismarko; sed ili plu servas la interezojn de la milit-monkompenso al la Ollivier, Girardin, Basaine kaj aliaj posedantoj de rentpaperoj, kiuj estigis la militon kaj la disvenkiĝon. Tamen restas al ili konsolo: tiuj miliardoj ne okazigos monkompensigan militon.

emanciponta la sklavajn virinojn kaj revenigonta la oran epokon:

"Domaĝu la muelantan brakon, ho muelistinoj, dormu
Trankvile! Vane la koko anoncu al vi la matenon!
Deo[45] ordonis la laboron de la knabinoj al la nimfoj,
Kaj tiuj nun saltas facile tra la radoj,
Ke la tremantaj aksoj kun siaj spokoj turniĝu,
Kaj ronde turnu la ŝarĝon de la ŝtono ruliĝa.
Ni vivu la vivon de la prapatroj, kaj senlabore ni ĝuu la
Donacojn kiujn la diino donacas al ni."[46]

Ve! ne alvenis la ripozamuzoj, kiujn anoncis la pagana poeto; la blinda, perversa kaj hommortiga pasio al laboro transformas la liberigan maŝinon en instrumenton servutigantan la liberajn homojn: ĝia produktivo malriĉigas ilin.

Lerta laboristino faras per puntoplektilo nur kvin maŝojn en unu minuto, iuj rondtrikmaŝinoj faras tridek mil en la sama tempo. Ĉiu minuto ĉe la maŝino do ekvivalentas cent laborhorojn de la laboristino; aŭ ĉiu laborminuto de la maŝino liveras al la laboristino dek tagojn da ripozo. Kio veras por la trik-industrio, tio pli aŭ malpli veras por ĉiuj industrioj, kiujn renovigis la moderna meĥaniko. Sed kion ni vidas? Laŭmezure kiel la maŝino perfektiĝas kaj reduktas la homan laboron kun senĉese kreskantaj rapido kaj precizo, la

---

45 Mallonga formo (Δηώ) de la greka diino Demetro (Δημήτηρ – Demeter). -vl

46 Antipatro*, citita el Karlo Markso: *La kapitalo*, vol. 1 (MAS-libro n-ro 166), (p. 449s), pn 189. -vl

   *) Antipatro de Tesaloniko (proks. en la 1-a jarcento d.n.e. -vl

3. Kio sekvas la superproduktadon

laboristo, anstataŭ plilongigi sian ripozadon laŭproporcie, tiom pliigas sian fervoron, kvazaŭ li volus rivali kun la maŝino. Ho! absurda kaj murda konkurado!

Por ke la konkurado de la homo kun la maŝino libere disvolviĝu, la proletoj abolis la saĝajn leĝojn, kiuj limigis la laboron de la metiistoj de la antikvaj korporacioj; ili forigis la feriojn.[47]

Tial ke la tiamaj produktistoj laboris nur kvin tagojn el sep, ĉu ili ja kredas, kiel rakontas la mesogantaj ekonomikistoj, ke ili vivis nur per aero kaj freŝa akvo? Nu! ili havis liberajn momentojn por gustumi la terajn ĝojigaĵojn, por amori kaj ridegi; por ĝoje bankedi honore al la ĝojiga dio de la Pigro. La moroza Anglio, enbigotigita en la protestantis-

---

47 Sub la feŭdisma reĝimo la leĝoj de la eklezio garantiis al la laboristo 90 ripoztagojn (52 dimanĉojn kaj 38 feritagojn), dum kiuj estis strikte malpermesate labori. Tio estis la granda krimo de la katolikismo, la ĉefa kaŭzo de la nereligiemo de la industria kaj komerca burĝaro. Sub la Revolucio, tuj kiam ĝi ekregis, ĝi abolis la feriojn kaj anstataŭigis la septagan semajnon per la dektaga. Ĝi liberigis la laboristojn el la eklezia jugo por pli bone submeti ilin al la jugo de la laboro.

La malamo kontraŭ la ferioj aperis nur kiam la moderna industria kaj komerca burĝaro konsistiĝis, inter la 15-a kaj la 16-a jarcentoj. Henriko la Kvara petis de la papo ilian malpliigon; tiu rifuzis, ĉar "unu el la hodiaŭaj herezaĵoj koncernas la festotagojn" (letero de la kardinalo de Ossat). Sed en 1666 Péréfixe, ĉefepiskopo de Parizo, forigis 17 el ili en sia eklezia distrikto. La protestantismo, kiu estis la kristana religio adaptita al la novaj bezonoj industriaj kaj komercaj de la burĝaro, malpli zorgis pri la popola ripozo; ĝi eltronigis la sanktulojn en la ĉielo por aboli surtere iliajn festojn.

La religia reformo kaj la libera filozofia pensado estis nur pretekstoj, kiuj ebligis al la jezuita kaj avidega burĝaro forĵongli la festotagojn de la popolo.

mo, tiam nomiĝis la "ĝoja Anglio" (*Merry England*). Rabelezo, Kevedo[48], Cervanto[49], la nekonataj aŭtoroj de la pikareskaj romanoj, eksaliviĝas nin per siaj priskriboj de tiuj monumentaj manĝodiboĉoj,[50] en kiuj oni tiam regalis sin inter du bataloj kaj du detruadoj kaj en kiuj ĉio "glutiĝis per pelvoplenoj". Jordaens[51] kaj la flandra skolo skribis ilin sur siaj ĝojigaj pentraĵoj. Sublimaj gargantuaj stomakoj, kio vi

---

48 Kevedo: Francisco Quevedo y Villegas (1580—1645), hispana baroka verkisto. -vl

49 Cervanto: Miguel de Cervantes Saavedra (1547 —1616), hispana verkisto, de humanisma edukado; en batalo perdis brakon, estis sesfoje kaptita de berberaj piratoj; estis ĉefo de la nutraĵ-sekcio de la armeo, poste malliberigita kaj poste en privataj rilatoj kun la korto de Filipo la 3-a. Literature li estas konsiderata kiel la kreinto de la moderna rakonto, li uzis ĉiujn ĝenrojn. La genio de Servanto kulminas en lia rakonta verkaro; plej konata "La sprita nobelo Donkiĥoto de Manĉo", aperinta en 1605 (unua parto) kaj 1615 (dua parto) estis tradukita en nacistilan Esperanton de Dediego sub la nomo "La inĝenia hidalgo Don Kiĥoto de Manĉo". -vl

50 Tiuj pantagruelaj festoj daŭris dum semajnoj. Don Rodrigo de Lara konkeris sian fianĉinon forpuŝante la maŭrojn el Kalatravo la Malnova kaj la "Romancero" rakontas:
"Las bodas fueron en Burgos,
Las tornabodas en Salas:
En bodas y tornabodas
Pasaron siete semanas.
Tantas vienen de las gentes,
Que no caben por las plazas ..."
("La geedziĝfesto okazis en Burgos, la ĝeedziĝfesta reveno en Salas; en ĝeedziĝestoo kaj geedziĝfesta reveno sep semajnoj pasis; alvenis tiom da homoj, ke la placoj ne povis ilin enteni"). La homoj de tiu sepsemajna geedziĝfesto estis la heroaj soldatoj de la militoj por sendependeco.

51 Jacob Jordaens (1593—1678), flandra pentristo influita de Rubens kaj Caravaggio, estis populara reprezentanto de la flandra naturalismo (La satiro kaj la kampulo; La reĝo bebo). *Laŭ PLI.* -vl

3. Kio sekvas la superproduktadon

fariĝis? Sublimaj cerboj, kiuj ĉirkaŭis la tutan homan penson, kio vi fariĝis? Ni ja tre etiĝis kaj tre degeneris. La rabia bovino, la terpomo, la fuksina vino[52] kaj la prusa brando[53] lerte kombinitaj kun la deviga laboro malfortigis niajn korpojn kaj mallarĝigis niajn spiritojn. Kaj nun, kiam la homo malvastigas sian stomakon kaj kiam la maŝino pligrandigas sian produktivon, tiam la ekonomikistoj predikas la maltusan teorion[54], la religion de abstino kaj la dogmon de laboro? Sed endus elŝiri el ili la langon kaj ĵeti ĝin al hundoj!

Ĉar la laborista klaso, kun sia simplaĉa sincero, lasas sin logi; ĉar, kun sia denaska impeto, ĝi sin ĵetegis blinde en la laboron kaj la abstinon, la kapitalista klaso troviĝis kondamnita al la pigro kaj al la deviga ĝuado, al la neproduktiveco kaj al la superkonsumado. Sed se la superlaboro de la laboristo kontuzas lian karnon kaj dolorigas liajn nervojn, ĝi estas dolorplena ankaŭ por la burĝo.

La abstino, je kiu sin kondamnas la produktanta klaso, devigas la burĝaron sin dediĉi al la superkonsumado de la produktoj, kiujn ĝi senorde manufakturas. Komence de la kaitalisma produktado, antaŭ unu aŭ du jarcentoj, la burĝo estis ordema, kun pacaj kaj moderaj moroj; li kontentiĝis per sia edzino aŭ proksimume; li trinkis nur laŭsoife kaj manĝis

---

52 Vino, kiun oni koloris per fuksino (analina ruĝaĵo). -vl

53 Brando farita ne el vinberoj (konjako ja estas tia), sed el trigo kaj poste eĉ el terpomoj. -vl

54 Thomas Robert Malthus (1766–1834), angla kleriko kaj ekonomikisto; li starigis la teorion pri la superloĝantaro, laŭ kiu la mizero de la homoj estas normala, ĉar ili pli pliiĝas ol la produktado de vivrimedoj. -vl

nur laŭ sia malsato. Li lasis al la korteganoj kaj al la korteganinoj la noblajn virtojn de la diboĉa vivo. Hodiaŭ, ĉiu filo de riĉiĝinto sentas sin devigata disvolvi la prostituadon kaj enkurzigi sian korpon por havigi celon al la laboro, kiun trudas al si la laboristoj de la hidrargominejoj;[55] ĉiu burĝo gluteme ŝtopas sin per trufitaj kaponoj kaj Lafite-vino, por kuraĝigi la bredistojn de La Fleŝo kaj la vitistojn de la bordoza regiono. Pro tiuj moroj la organismo rapide kadukiĝas, la haroj falas, la dentoj baznudiĝas, la trunko deformiĝas, la ventro pufiĝas, la spirado iĝas malfacila, la movoj iĝas pezaj, la artikoj rigidiĝas, podagro atakas piedkaj man-fingrojn. Aliuloj, tro malfortikaj por elteni la lacigojn de la diboĉo, sed dotitaj de vigla pretendemo, sekigas sian cerbon same kiel la Garnier-oj de la politika ekonomio, la Acollas-oj de jura filozofio, elcerbigante dormigajn libregojn por okupi la libertempon de la kompostistoj kaj presistoj.

La mondumaninoj vivas martiran vivon. Por provi kaj reliefigi la feajn tualetojn – por kiujn konstrui la kudristinoj mortigas sin –, de vespero ĝis mateno ili iras kaj venas de unu robo en alian; dum horoj ili fordonas sian kavan kapon al la harartistoj, kiuj ĉiapreze volas satigi sian pasion por starigi falsajn hartuberojn. Rimenligitaj en siaj korsetoj, kun siaj

____

55 Ĉi tie, en la franca, troviĝis vortludo de P. Lafargue per “*mercurialiser*” (enkurzigi) kaj *mercure* (hidrargo), bedaŭrinde ne tradukebla en Esperaton. -kr

Piednoto de la germana versio: Hidrargo antaŭe estis la kutima medikamento por kuraci sifilison; en la franca ĝi nomiĝas “*mercure*”, same kiel la roma dio de amo, *Mercure*. -vl

3. Kio sekvas la superproduktadon

piedoj premitaj en botetoj, dekoltitaj ĝis ruĝigi fajrobrigada-
non, ili turniĝadas tutajn noktojn en siaj bonfaro-baloj,
celante kolekti kelkajn soldojn por la malriĉularo. Sanktaj
animoj!

Por plenumi sian duoblan socian funkcion de
neproduktanto kaj superkonsumanto, la burĝo devis ne nur
perforti siajn modestajn emojn perdi siajn laborkutimojn de
antaŭ du jarcentoj kaj diboĉi en senbremsa lukso, per trufitaj
misdigestadoj kaj per sifilisaj ekscesoj, sed ankaŭ forpreni el
la produktiva laboro grandegan kvanton da homoj por havigi
al si helpantojn.

Jen kelkaj ciferoj, kiuj pruvas, kiom kolosa estas tiu
disperdo de produktivaj fortoj. Laŭ la popolmombrado de
1861, la loĝantaro de Anglio kaj Kimrio konsistis el 20 066
244 personoj, el kiuj 9 776 259 virseksaj kaj 10 289 965 in-
seksaj. Se oni dekalkulas tiujn tro junajn aŭ tro maljunajn por
labori, la neproduktivajn virinojn, adoleskantojn kaj infanojn,
poste la ideologiajn profesiojn kiaj estas regantaro, policana-
ro, klerikaro, juĝistaro, armeo, prostituo, artoj, sciencoj ktp,
kaj poste la homojn ekskluzive okupatajn manĝi aliulan
laboron sub formo de bienrento, interezoj, dividendoj ktp,
restas proksimume ok milionoj da ambaŭseksaj kaj ĉioman-
ĝaj individuoj, inkluzive de la kapitalistoj oficantaj en la
repoduktado, la komerco, la financo ktp. Inter tiuj ok milio-
noj oni nombras:

Kampkulturaj laboristoj (inkluzivede de la paŝtistoj,
geservistoj loĝantaj ĉe la farmistoj)   1 098 261

Laboristoj de karb- kaj metal-minejoj	565 835
Laboristoj de fabrikoj de kotono, lano, kanabo, lino, silko, trikaĵoj	642 607
Metalurgiaj laboristoj (altfornoj, laminatejoj)	396 998
Servista klaso	1 208 648

"Se oni adicias la laboristojn de la teksfabrikoj kaj tiujn de la karb- kaj metal-minejoj, rezultas la nombro 1 208 442; se oni adicias la unuajn kaj tiujn de la metalurgiaj uzinoj, rezultas sumo de 1 039 605 personoj, t.e. ĉiufoje pli eta nombro ol tiu de la modernaj servistaj sklavoj. Jen la belega rezulto de la kapitalisma ekspluatado de la maŝinoj."[56]

Al tiu tuta servista klaso, kies graveco indikas la gradon atingitan de la kapitalisma civilizo, necesas aldoni la grand-nombran klason de la kompatinduloj okupataj ekskluzive por kontentigi la multelspezigajn kaj bagatelajn emojn de la riĉaj klasoj, gemo-tajlistoj, puntistinoj, brodistinoj, luksbindistoj, lukskudristinoj, dekoraciistoj de la plezurdomoj[57] ktp.

---

56 Karlo Markso: La kapitalo, vol. 3. [De la tria volumo aperis ĝis nun nur − en aparta eldono − la tria sekcio "Leĝo de la tendenca falo de la profitkvoto" (MAS-libro n-ro 241) -vl]

57 "La proporcio, laŭ kiu loĝantaro de iu lando estas uzata kiel servis-taro je la servo de la bonhavaj klasoj, signas la progreson de tiu lando en nacia riĉeco kaj civilizeco". (R. M. Martin, "Ireland before and after the Union", 1818). Gambetta*, kiu forneis la socian problemon, de kiam li ne plu estis monbezona advokato de la Procope-trinkejo, verŝajne volis aludi pri tiu senĉese kreskanta servista klaso, kiam li postulis ekregon de la novaj socitavoloj.
*) Leon Gambetta (1838−1882), franca politikisto. -vl

3. Kio sekvas la superproduktadon

Kaŭrinte en absoluta pigro kaj senkuraĝigite de deviga ĝuado, la burĝaro, spite al kion ĝi suferis pro tio, adaptiĝis al sia nova vivmaniero. Kun teruro ĝi konsideris ĉiun ŝanĝon. Vidante la mizerajn vivkondiĉojn rezignacie akceptatajn de la laborista klaso kaj la organan difektadon naskitan de la korupta pasio al laboro, ĝi ankoraŭ pli abomenis ĉiun labor-trudon kaj limigon al sia ĝuado.

Ĝuste tiam, sen atenti la senkuraĝigon, kiun la burĝaro trudis al si kiel socian devon, la proletoj enkapigis al si la ideon puntrudi la laboron al la kapitalistoj. Naivuloj, ili konsideris seriozaj la teoriojn de la ekonomikistoj kaj de la moralistoj pri laboro kaj rimenligis al si la koksojn por puntrudi ties praktikadon al la kapitalistoj. La proletaro fiere montris sian devizon: "Kiu ne laboras, tiu ne manĝu". Liono en 1831 ribele ekstaris por "plumbo aŭ laboro". La federistoj[58] de Marto 1871[59] deklaris sian ribeladon *Revolucio de la laboro*.

Al tiuj senbridiĝoj de barbara furiozo, detruanta ĉiujn burĝajn ĝuon kaj pigron, la kapitalistoj povis respondi nur per kruelega subpremo, sed ili sciis, ke, kvankam ili povis sufoki tiujn revoluciajn eksplodojn, ili ne dronigis en la sango de siaj gigantaj masakroj la absurdan ideon de la proletaro puntrudi laboron al la senfaraj kaj sataj klasoj, kaj

---

58 Federaciistoj. *Feder-i* estis aldonita kiel 8-a aldono, kvankam *federa-ci-i, -o, -ismo, -isto* estis oficialigita en la 1-a aldono. Oni povas prave konsideri, ke la 8a aldono korektis, do, nuligis tiun de la 1-a. -vl

59 La membroj de la Pariza Komunumo. -vl

por eviti tiun malfeliĉon, ili ĉirkaŭigis sin per pretoroj, policistoj, juĝistoj, provosoj, vivtenataj en laboreca senfareco.

Oni ne plu povas konservi iluzion pri la karaktero de la modernaj armeoj, ili estas konstante tenataj nur por premi "la internan malamikon"; tiel la fortikaĵojn de Parizo kaj Liono oni konstruis ne por defendi la urbon kontraŭ la eksterlandanoj, sed por frakasi ĝin en kazo de ribelo. Kaj se necesus nerebatebla ekzemplo, ni citu la armeon de Belgio, de tiu feliĉa lando de la kapitalismo; ĝia neŭtraleco estas garantiata de la eŭropaj ŝtatpotencoj kaj tamen ĝia armeo estas unu el la plej fortaj en proporcio de la loĝantaro. La gloraj batalkampoj de la brava belga armeo estas la ebenaĵoj de la Borinaĵo (*Borinage*) kaj de Karloreĝo (*Charleroi*); en la sango de la ministoj kaj de la senarmilaj laboristoj la belgaj oficiroj hardas siajn spadojn kaj rikoltas siajn epoletojn. La eŭropaj nacioj ne havas naciajn armeojn, sed dungsoldatarojn; ili protektas la kapitalistojn kontraŭ la popola furiozo, kiu volus kondamni ilin al dek horoj da minejo aŭ teksejo.

Do, premzonante sian ventron, la laborista klaso supermezure disvolvis la ventron de la burĝaro kondamnita al superkonsumado.

Por senpezigi sian penigan laboron, la burĝaro eltiris el la laborista klaso amason da homoj multe pli superan al tiu, kiu plu dediĉas sin al la utila produktado, kaj kondamnis ĝin siavice al malproduktiveco kaj superkonsumado. Sed tiu grego da senutilaj buŝoj, malgraŭ sia nesatigebla voremo, ne sufiĉas por konsumi ĉiujn varojn, kiujn la laboristoj, brutiga-

3. Kio sekvas la superproduktadon

te per la labor-dogmo, produktas kiel maniuloj, ne volante konsumi ilin kaj eĉ ne pensante, ĉu oni trovos homojn por ilin konsumi.

Fronte al tiu duobla frenezo de la laboristoj, sin mortigi per superlaboro kaj vegeti en abstinado, la granda problemo de la kapitalisma produktado do ne plu estas trovi produktantojn kaj dekobligi iliajn fortojn, sed malkovri konsumantojn, stimuli iliajn apetitojn kaj krei al ili artefaritajn bezonojn.

Pro tio, ke la eŭropaj laboristoj, tremante pro frosto kaj malsato, rifuzas surporti la ŝtofojn, kiujn ili teksas, trinki la vinojn, kiujn ili rikoltas, la kompatindaj fabrikposedantoj devas kuri same kiel frenezuloj ĝis la antipodoj por serĉi iun, kiu surportos kaj kiu trinkos; jen centoj da milionoj kaj da miliardoj, kiujn Eŭropo eksportas ĉiujare en ĉiujn mondangulojn, al popoloj, kiuj per ili kion fari ne scias.[60]

Sed la esploritaj kontinentoj ne plu estas sufiĉe vastaj, pro tio ili bezonas virgajn landojn.[61] La eŭropaj fabrikestroj tage

---

60 Du ekzemploj: La angla registaro, por komplezi al la hindiaj landoj, kiuj, malgraŭ la periodaj landplagantaj malsategoj, obstinas kultivi opipapavon anstataŭ rizon aŭ tritikon, devis entrepreni sangajn militojn por trudi al la ĉina registaro la liberan enkondukon de la hinda opio. La polineziaj sovaĝuloj, malgraŭ la rezultanta mortokvanto, devis sin vesti kaj ebriiĝi anglamaniere, por konsumi la produktojn de la skotlandaj distilejoj kaj de la manĉestraj teksejoj.

61 Tiu aspekto estas disvolvita de Rozo Luksemburgo en sia ĉefverko *La akumulado de la kapitalo*. Ŝia tezo – konvinke argumentita – estas, ke la kapitalo por funkcii ĉiam bezonas tiajn "virgajn" sektorojn, kiuj troviĝas ankoraŭ ekster la kapitalisma regado – ene kaj ekstere de la koncerna nacia ekonomio, do, ke ĝi ĉiam bezonas ian specon de "origina akumulado". Pri "origina akumulado" vidu Karlo

kaj nokte revas pri Afriko, pri la Sahara lago, pri la Sudana fervojo; angore ili sekvas la progresadon de la Livingstone, Stanley, Du Chaillu, De Brazza; gape ili aŭskultas la miregindajn rakontojn de tiuj kuraĝaj vojaĝantoj. Kiom da nekonataj mirindaĵoj enhavas la "nigra kontinento"! Kampoj estas priplantitaj per elefantaj dentoj, riveregoj el kokosoleo flue kunportas orerojn, milionoj da nigraj pugoj, nudaj kiel la vizaĝo de Dufaure aŭ de Girardin, atendas la kotonaĵojn por eklerni la decon, botelojn da brando kaj bibliojn por ekkoni la virtojn de la civilizacio.

Sed ĉio ĉi ne sufiĉas: burĝoj, kiuj vore grasiĝas, servista klaso pli multnombra ol la produktiva, fremdaj kaj barbaraj nacioj, kiujn oni ŝtopas per eŭropaj varoj; nenio, absolute nenio povas sukcesi disvendi la montojn da produktoj, kiuj amasiĝas pli altaj kaj pli egaj ol la egiptaj piramidoj; la produktivo de la eŭropaj laboristoj defias ĉian konsumadon, ĉian malŝparegon. La fabrikestroj, freneziĝante, ne plu scias kie fronti, ili ne plu povas trovi la krudmaterialon por satigi la senbridan, koruptitan pasion de siaj laboristoj je laboro. En niaj lanproduktaj departementoj oni disfibras la makulitajn kaj duonputrajn ĉifonojn, per ili oni faras tukojn nomatan "renasko", kiuj daŭras tiom kiom daŭras balotaj promesoj; en Liono, anstataŭ lasi al la silkeca fibro ties simplecon kaj naturan molecon, oni superŝarĝas ĝin per mineralaj saloj, kiuj, aldonante al ĝi pezon, igas ĝin rompiĝema kaj mallonge uzebla. Ĉiuj niaj produktoj estas malpurigitaj por faciligi ilian disvendiĝon kaj mallongigi ilian daŭron. Nian epokon

---

Markso: *La kapitalo*, vol. 1 (MAS-libro n-ro 166), p. 766-820. -vl

oni nomas la *epoko de falsado*, same kiel oni nomis la unuajn epokojn de la homaro la *ŝtonepoko*, la *bronzepoko*, laŭ la naturo de ilia produkta bazo. Sensciuloj akuzas pri fraŭdo niajn piajn industriistojn, dum efektive animas ilin la penso havigi laboron al la laboristoj, kiuj ne povas rezignacii vivi kun krucitaj brakoj. Tiuj falsadoj, kies nura instigilo estas humana celo, sed kiuj enspezigas belegajn profitojn al la fabrikestroj kiuj praktikas ilin, kvankam ruinigaj por la vara kvalito, kvankam neelĉerpebla fonto de malŝparado de la homa laboro, tiuj falsadoj pruvas la filantropian elpensemon de la burĝoj kaj la teruran perversecon de la laboristoj. Ĉi-lastaj, por satigi sian labor-malvirton, devigas ja la insdustri-istojn sufoki la kriojn de sia konscienco kaj perforti eĉ la leĝojn de la komerca honesto.

Kaj tamen, spite la var-superproduktadon, spite la indu-striajn falsadojn, la laboristoj nenombreble embarasas la merkaton, petegante: laboron! laboron! Ilia superabundo devus devigi ilin bremsi sian pasion; male, ĝi puŝas tiun pasion al paroksismo. Se jen aperas laborŝanco, ili impetegas sur ĝin; tiam dek du, dek kvar horojn ili postulas por plene satigi sin, kaj la morgaŭon jen ili denove reĵetitaj al la pavi-mo, sen io por plu nutri sian malvirton. Ĉiujare, en ĉiuj industrioj, sendungadoj revenas kun sezona reguleco. La por la organismo mortigan superlaboron sekvas la plena ripozo dum du aŭ kvar monatoj; kaj ne plu da laboro, ne plu da nutraĵo. Tial, ĉar la labor-malvirto estas diable kejlita en la koro de la laboristoj; tial, ĉar ĝiaj postuloj sufokas ĉiujn aliajn instinktojn de la naturo; ĉar la de la socio postulata laborkvanto estas devige limigita de la konsumado kaj de la abundo de la krudmaterialo, kial forvori en ses monatoj la tutjaran laboron? Kial ne dispartigi ĝin egale inter la dek du monatoj kaj devigi ĉiun laboriston kontentiĝi per ses aŭ kvin horoj ĉiutage dum la jaro, anstataŭ havi dekhorajn misdigestojn dum ses monatoj? Certigite pri sia ĉiutaga laborporcio, la laboristoj ne plu envios unu la alian, ne plu interbatalos por al si reciproke forpreni la laboron el la manoj kaj la panon el la buŝo; tiam ne lacaj korpe kaj mense, ili ekpraktikos la virtojn de la pigro.

Stultigite de sia malvirto, la laboristoj ne povis kompreni tiun fakton, ke, por havi laboron por ĉiuj, necesas porciumi ĝin same kiel akvon sur ŝipo en danĝero. Tamen la industriistoj, nome de la kapitalisma ekspluatado, jam delonge petis leĝan limigon de la labortago. Antaŭ la komisiono de 1860 pri la profesia instruado, unu el la plej gravaj manufakturposedantoj de Alzaco, s-ro Bourcart, el Gebvilero (*Guebwiller*), deklaris, ke *"la dekduhora labortago estas ekscesa kaj devus esti malplilongigita ĝis dek unu horoj, ke oni devus interrompi la laboron sabate je la 2-a. Mi povas konsili adopti tiun decidon, kvankam ĝi unuavide aspektas multekosta; de kvar jaroj ni eksperimentis ĝin en niaj industriejoj kaj kontentas pri ĝi, kaj la mezproduktado ne nur ne malpliiĝis, sed kreskis."*

En sia studaĵo pri la *maŝinoj,* s-ro F. Passy citas de granda belga industriulo, s-ro M. Ottavaere, jenan leteron:

3. Kio sekvas la superproduktadon

"Niaj maŝinoj, kvankam samaj kiel tiuj de la anglaj teksejoj, ne produktas kiom ili devus produkti kaj kiom produktus tiuj samaj maŝinoj en Anglio, kvankam tie la teksejoj laboras du horojn malpli ĉiutage (…). Ni ĉiuj laboras **du plenajn horojn tro***; mi estas konvinkita, ke, se oni laborus nur dek unu horojn anstataŭ dek tri, ni havus saman produktadon kaj sekve produktus pli ŝpareme."*

Aliflanke, s-ro Leroy-Beaulieu asertas, ke *"granda belga industriulo observis, ke la ferion enhavantaj semajnoj ne alportas malpli da produktado ol la ordinaraj semajnoj."*[62]

Kion, trompite de la moralistoj pro sia naiveco, la popolo neniam aŭdacis, tion riskis fari aristokrata registaro. Neglektante la altajn moralajn kaj industriajn konsiderojn de la ekonomikistoj, kiuj, same kiel misaŭguraj birdoj, grakis, ke redukti je unu horo la laboron de la fabrikoj estus per dekreto ruinigi la anglan industrion, la registaro de Anglio per strikte obeata leĝo malpermesis labori pli ol dek horojn ĉiutage; kaj tiel poste kiel antaŭe Anglio restas la unua industria nacio en la mondo.[63]

---

62 Paul Leroy-Beaulieu; "La Question ouvrrière au XIV-e siècle ["La laborista afero en la 14-a jarcento"].

63 Pri la angla dekhor-leĝo vidu ĉe Karlo Markso, en La kapitalo, vol. 1 (MAS-libro n-ro 166) en la Tria sekcio – La produktado de la absoluta plusvaloro, la ĉapitron "6. La batalo pri norma labortago. Leĝa limigo de la labortempo. La angla fabrikleĝaro de 1833-1864", p. 297–320.
Vidu tie ankaŭ la sekvan ĉapitron "7. La batalo pri la norma labortago. Retroefiko de la angla fabrikleĝaro sur aliaj landoj", saml., p. 320–326. -vl

La granda angla eksperimento, la eksperimento de kelkaj inteligentaj kapitalistoj, jen pruvas nerefuteble, ke por potencigi la homan produktivon necesas malpliigi la laborhorojn kaj multigi la feriojn kaj pagdatojn, kaj la franca popolo ne estas konvinkita. Sed se modestega, duhora reduktado plialtigis en dek jaroj la anglan produktadon je ĉ. triono,[64] kian vertiĝan disvolviĝon komunikos al la franca produktado leĝa reduktado de la labortago je tri horoj? Ĉu la laboristoj ne povas do kompreni, ke, tro laborante, ili elĉerpas sian forton kaj tiun de sia idaro; ke, eluzite, ili antaŭtempe atingas la aĝon malkapabli ĉian laboron; ke, sorbite, brutigite de unu sola malvirto, ili ne plu estas homoj, sed homstumpoj; ke ili mortigas en si ĉiujn belajn kapablojn por lasi nur la solan, furiozan laborfrenezon?

Ha! Kiel papagoj ili ripetas la lecionon de la ekonomikistoj: "Ni laboru, ni laboru por kreskigi la nacian riĉecon". Ho, idiotoj! ĉar vi tro laboras, tial la industria maŝinaro malrapide disvolviĝas. Ĉesu bleki kaj aŭskultu ekonomikiston: li ne estas brila spirito, li estas nur s-ro Reybaud, kiun ni malbedaŭrinde perdis antaŭ kelkaj monatoj:

"Ĝenerale, la revolucio en la labormetodoj reguliĝas laŭ la kondiĉoj de la laborfortoj. Tiom longe, kiom la laborfortoj

---

64 Jen, laŭ la fama statistikisto H. Giffen, de la Statistik-Oficejo Londono, la kreskanta progresado de la nacia riĉeco de Anglio kaj Irlando en 1814 estis 55 miliardoj da frankoj; en 1865: 162,5 miliardoj kaj en 1875: 212,5 miliardoj da frankoj.

liveras siajn servojn etpreze, oni uzas ilin malavare; kiam ili fariĝas pli multekostaj, oni strebas ŝpari ilin."[65]

Por devigi la kapitalistojn perfektigi siajn maŝinojn el ligno kaj fero, necesas altigi la salajrojn kaj malpliigi la laborhorojn de la maŝinoj el karno kaj ostoj. La apogantajn pruvojn? Po centoj oni povas doni ilin. En la fadenindustrio la ŝpinmaŝino (*self acting mule*) estis inventita kaj ekaplikita en Manĉestro, ĉar la ŝpinistoj rifuzis labori tiom longe kiom antaŭe.

En Usono la maŝino invadas ĉiujn fakojn de la kampkultura produktado, de la buterfabrikado ĝis la tritiksarkado. Kial? Tial, ĉar la usonano, libera kaj pigra, pli ŝatus mil mortojn ol la bovan vivon de la franca kampulo. La plugado, tiel peniga en nia glora Francio, tiel lacdoloriga, estas en la usona okcidento agrabla tempopasigilo en plenaero, kiun oni ĝuas sidante, pigre fumante sian pipon.

4. Por nova ario, nova kanzono

Se, malpliigante la laborhorojn, oni havigas al la socia produktado novajn meĥanikajn fortojn, devigante la laboristojn konsumi siajn produktojn, oni havigos grandegan armeon da laborfortoj. La burĝaro, tiam senŝarĝigita el sia tasko de universala konsumanto, rapidos maldungi la amasegon da soldatoj, juĝistoj, prostituigistoj ktp fortiritan el la utila

---

65 Louis Reybsuf: "Le Coton, son régime, ses problèmes" [Kotono, ĝia reĝimo, ĝiaj problemoj], 1863.

laboro por helpi ĝin konsumi kaj malŝpari. Tiam la labormerkato estos plenplena, tiam necesos fera leĝo por malpermesi la laboron: estos neeble trovi laboron por tiu amasego da antaŭe neproduktivaj uloj, pli multnombraj ol la arbaraj pedikoj. Kaj poste necesos pensi pri ĉiuj, kiuj provizis iliajn frivolajn kaj multelspezigajn bezonojn kaj emojn. Kiam ne plu estos lakeoj nek generaloj galonotaj, ne plu prostituitinoj, liberaj kaj edzinaj, puntkovrotaj, ne plu kanonoj borotaj, ne plu palacoj konstruotaj, necesos per severaj leĝoj trudi al la gelaboristoj pri pasamentaĵoj, pri puntoj, pri fero, pri konstruaĵoj, higienan remadon kaj danc-ekzercojn por ilia resaniĝo kaj por perfektiĝo de la raso. Ĉar tiam la eŭropaj produktoj surloke konsumataj ne plu estos transportataj malproksimegen, ja necesos, ke la maristoj, la skipanoj, la kamionistoj eksidu kaj eklernu kiel pigri. La feliĉaj polinezianoj tiam povos sin dediĉi al libera amorado sen timi la piedfrapojn de la civilizita Venuso[66] kaj la predikojn de la eŭropa moralo.

Sed estas io plia. Por trovi laboron por ĉiuj senvaloruloj de la nuna socio, por lasi la industrian maŝinaron senlime disvolviĝi, la laborista klaso devos, kiel la burĝaro, perforti siajn abstinajn emojn kaj senlime disvolvi siajn konsumka-pablojn. Anstataŭ manĝi ĉiutage unu aŭ du uncojn da led-simila viando, kiam ĝi viandon manĝas, ĝi manĝos ĝojigajn bifstekojn unu- aŭ du-funtajn; anstataŭ modere trinki mal-bonan vinon pli katolikan ol la papo, ĝi trinkos grandajn kaj

---

66 Nome sifilison kaj ceterajn seksajn malsanojn. -vl

4. Por nova ario, nova kanzono

profundajn glasplenojn da bordoza, burgonja vinoj sen industria baptado[67] kaj lasos la akvon al la bestaro.

En sia kapo la proletoj decidis puntrudi al la kapitalistoj dekhorajn tagojn da forĝado kaj rafinado; tio estas la granda eraro, la kaŭzo de la sociaj antagonismoj kaj de la internaj militoj. Malpermesi, sed ne trudi la laboron, tion necesas fari! Al la Rothschild-oj, Say-oj, oni permesos pruvi, ke ili dum si tuta vivo estis perfektaj sentaŭguloj; malgraŭ la ĝenerala delogado por laboro, ili estos surslipigitaj kaj ĉe siaj respektivaj urbodomoj ili ricevos ĉiumatene dudekfrankan moneron por siaj plezuretoj. La sociaj malakordoj svenos. La rentuloj, la kapitalistoj kiel unuaj, aliĝos al la popola partio, kiam ili estos konvinkitaj, ke, tute ne volante ilin suferigi, male oni volas liberigi ilin el la laboro superkonsumi kaj malŝpari, per kiu ili estis ŝarĝitaj tuj ekde sia naskiĝo. Pri la burĝoj nekapablaj pruvi siajn titolojn *sentaŭguloj*, oni lasos ilin sekvi siajn instinktojn: ekzistas sufiĉe da naŭzaj metioj por loki ilin − Dufaure purigus la publikajn necesejojn; Gallifet mortigus la skabiajn porkojn kaj la ŝvelajn ĉevalojn; la membroj de la pardonkomisiono, sendite al la malliberejo de Poissy, markus la buĉotajn bovojn kaj ŝafojn; la senatanoj, ataŝeoj pri funebraĵoj, rolus kiel entombigistoj. Por aliuloj oni trovus metiojn respondantajn al ilia inteligento. Lorgeril, Broglie, korkus la ĉampanbotelojn, sed oni buŝumus ilin por malhelpi ke ili ebriiĝu; Ferry, Freycinet, Tirard detruus la cimojn kaj la fiinsektojn de la ministrejoj kaj aliaj publikejoj.

---

67 Vidu la piednoton 42, p. 34, pri fuksino. -vl

Tamen necesos meti la publikajn financojn ekster atingeblon de la burĝoj, pro la akiritaj kutimoj.

Sed severan kaj longan venĝon oni suferigos al la moralistoj, kiuj koruptis la homan naturon, al la fibigotoj, la denuncistoj, la hipokrituloj … *"kaj aliaj tiaj sektoj de homoj, kiuj sin maskovestis por trompi la popolon. Ĉar, kredigante al la ordinara homo, ke ili estas okupataj ĉu en kontemplado kaj devotado, en fastado kaj macerado de la voluptemo, por nur iomete lasi en vivo sian etan mortidevan hom-ekziston, kontraŭe, ili manĝas, Dio scias kiom!* et Curios simulant sed Bacchanalia vivunt[68]. *Tion vi povas legi diklitere kaj miniature laŭ iliaj ruĝaj nazoj kaj elstaraj ventroj, aŭ kiam ili parfumas sin per sulfo[69]"*.[70]

La tagojn de grandaj popolaj festoj, kiam anstataŭ engluti polvon, kiel en la 15-aj de Aŭgusto kaj la 14-aj de Julio de la burĝismo, la komunistoj kaj la kolektivistoj cirkuligos la botelojn kaj la ŝinkojn kaj flugigos la pokaletojn. Tiam la membroj de la Akademio de la moralaj kaj politikaj sciencoj, la long- aŭ mallong-robaj pastroj de la eklezioj ekonomia, katolika, protestanta, juda, pozitivista kaj liberpensa, la propagandistoj de la maltusismo kaj de la moralo kristana, malegoista, sendependa aŭ submetita, flave vestitaj, tenos la kandelon ĝis bruli al si la fingrojn kaj vivos malsataj apud la

---

68 Ili ŝajnigas esti Kurio*, sed vivas Bakĥo-feston. (Juvenalo)
    *) Curius Dentatus (ĉ. 280 a.n.e.), roma militestro, modelo de malnovroma virto. -vl
69 Sulfo: mallongigo de *sulfuro*. -vl
70 Pantagruel (Rabelezo), 1. II, ĉap. LXXIV.

4. Por nova ario, nova kanzono

gaŭlaj virinoj kaj la tabloj ŝarĝitaj per viandoj, fruktoj kaj floroj, kaj soifegos apud la malŝtopitaj bareloj. Kvarfoje jare, je la sezonŝanĝiĝo, oni enfermos ilin en la grandaj radoj, same kiel la hundojn de la akrigistoj, kaj oni kandamnos ilin mueli venton dum dek horoj. Saman punon suferos la advokatoj kaj juristoj.

En reĝimo de pigro, por mortigi la tempon[71], kiu mortigas nin sekundon post sekundo, ĉiam okazos spektakloj kaj teatroludoj; jen tute trovita tasko por niaj leĝofaraj burĝoj. Oni organizos ilin laŭ bandoj, kiuj vizitas foirojn kaj vilaĝojn, prezentas spektaklojn pri leĝfarado. La generaloj, kun rajdistaj botoj, brustoj pasamentitaj per laĉ-ornamaĵoj, ordenoj, krucoj de Honor-legio, iros tra stratoj kaj placoj, rekrutante la homojn. Gambetta kaj Cassagnac[72], lia kunulo, logparolos ĉe la pordo. Cassagnac, en granda kostumo de ŝajnbravulo, okulruladante, tordante siajn lipharojn, kraĉante flamantan stupon, minacos ĉiujn per siapatra pistolo kaj malaperos en truon tuj kiam oni montros al li la portreton de Lullier[73]; Gambetta parolados pri eksterlanda politiko, pri la eta Grekio, kiu doktorigas lin kaj ekfajrigus Eŭropon por friponi Turkion; pri la granda Rusio, kiu stultigas lin per la kompoto, kiun ĝi promesas fari el Prusio kaj kiu deziras vundojn kaj kontuzojn okcidente de Eŭropo por libere agi oriente kaj strangoli la nihilismon enlande; pri s-ro Bismar-

---

71 Laŭ la franca = pasigi la tempon. -kr
72 Paul Granier de Cassagnac (1809–1904), politikisto konata pro siaj multaj dueloj. -vl
73 Lullier, batalema mararmea oficiro, elektita membro de la Pariza komunumo. -vl

ko, kiu kompleze permesis al li sin esprimi pri la amnestio … poste, nudigante sian larĝan, je la tri koloroj ŝmiritan ventron, li sur ĝin tamburos la alvokon kaj dismetos la bonegajn bestetojn, la hortulanojn, la trufojn, la glasojn da Margaux (Margo) kaj Yquem (Ikem)[74], kujn li englutegis por kuraĝigi la kampkulturon kaj ĝojigi la balotantojn de Belvilo (*Belleville*).

En la barako oni komencos per *"La balota farso"*.

Antaŭ la lignokapaj kaj azenorelaj balotontoj, la burĝaj kandidatoj, pajace[75] vestitaj, dancos la dancon de la politikaj liberoj, viŝpurigante al si la vangojn kaj la sidvangojn per siaj multpromesaj balotprogramoj kaj parolante kun larmantaj okuloj pri la popola mizero kaj kun kupra voĉo pri la gloro de Francio; kaj jen ĥore kaj firme azenblekos la kapoj de la balotontoj: "Hi han! Hi han!"

Poste komenciĝos la granda ludo: "La priŝtelado de la naciaj posedaĵoj"

La kapitalisma Francio, inego kun harkovrita vizaĝo kaj kalva kranio, senenergia, kun karno molaĉa, pufa, palega, kun senbrilaj okuloj, dormema kaj oscedanta, ekkuŝas sur velura kanapo; ĉe ŝia piedoj, la industria Kapitalismo, giganta fer-organismo, kun simieca masko, meĥanike voras virojn, virinojn, infanojn, kies funebrecaj kaj korŝiraj krioj plenigas la aeron; la Banko foinmuzela, hienkorpa kaj harpimana,

____

74 La plej prestiĝaj bordozaj aperitivaj aŭ desertaj vinoj (blankaj dolĉaj). -vl

75 Pajaco: cirka amuzisto, (ankaŭ: klaŭno). -vl

4. Por nova ario, nova kanzono

lertmove rabas al ĝi la centsoldajn monerojn el la poŝo. Hordoj da mizeraj proletoj, senkarnaj, cifonvestitaj, eskortate de ĝendarmoj kun elingitaj glavoj, pelate de furioj, kiuj vipas ilin per la vipoj de malsato, alportas ĉe la piedojn de la kapitalisma Francio amasojn da varoj, barelojn da vino, sakojn da oro kaj da tritiko. Langlois[76], kun sia pantalono en unu mano, la testamento de Prudono[77] en la alia, kun la budĝetlibro inter la dentoj, fiere lokiĝas ĉe la kapon de la defendantoj de la naciaj posedaĵoj kaj gardostaras. Kiam demetitaj la ŝarĝoj, per kolbo- kaj bajonet-frapoj ili forpelas la laboristojn kaj malfermas la pordon al la industriisto, al la komercistoj kaj al la bankistoj. Konfuze ili impetas sur la amason, glutante kotonaĵojn, tritiksakojn, orbrikojn, malplenigante barelojn; lacegaj, malpuraj, naŭzaj, ili ekfalas en siajn rubojn kaj siajn vomaĵojn … Tiam ektondras, la tero ŝanceliĝas kaj fendiĝas, ekaperas la historia Fato; per sia ferpiedo ĝi distretas la kapojn de tiuj, kiuj singultas, stumblas, falas kaj ne plu povas fuĝi, kaj per sia larĝa mano ĝi renversas la mirstultan kaj timŝvitantan kapitalisman Francion.

---

76 Ne klaras, pri kiu temas, ĉu pri Ernest Langlois (1857 −1924), franca romanisto kaj mezepokisto, ĉu pri Hippolyte Langlois (1839−1912), franca generalo kaj aŭtoro; verŝajne pri tiu ĉi lasta. -vl

77 Pierre Joseph Proudhon [*pjer ĵozéf prudón*] (1809−1865), franca politika teoriulo, kiu sukcesis unue per sia verketo "Kio estas la proprieto?". Lia posta plej grava verko, "La filozofio de la mizero" estis kritikita de Markso en ties verko "La mizero de la filozofio. Respondo al J. B. Prudono: «La filozofio de la mizero»" (MAS-libro n-ro 17). -vl

Se, elradikigante el sia koro la malvirton, kiu superregas ĝin kaj malnobligas ĝian naturon, la laborista klaso ekstarus en sia terura forto, ne por postuli la *Homrajtojn*, kiuj estas nur la rajtoj de la kapitalista ekspluatado, ne por postuli la *Rajton je laboro*, kiu estas nur la rajto je mizero, sed por forĝi feran leĝon malpermesantan al ĉiu homo labori pli ol tri horojn ĉiutage, la Tero, la malnova Tero, tremante pro ĝojo, sentus boli en si novan universon … Sed kiel peti de proletaro koruptita de la kapitalista moralo, virecan decidon?

Kiel Kristo, la plendema personiĝo de la antikva sklaveco, la viroj, la virinoj, la filoj de la Proletaro pene grimpadas jam de jarcento la kalvarian vojon de la doloro: jam de jarcento la deviga laboro rompas iliajn ostojn, kontuzas ilian karnon, turmentas iliajn nervojn; jam de jarcento la malsato tordas iliajn stomakojn kaj halucinas iliajn cerbojn! … Ho, Pigro, kompatu nian longan mizeron! Ho, Pigro, patrino de la artoj kaj de la noblaj virtoj, estu la balzamo de la homaj angoroj!

Aldonaĵo

Niaj moralistoj estas ja modestuloj; kvankam ili elpensis la dogmon de laboro, ili dubas pri ĝia efikeco por trankviligi la animon, ĝojigi la spiriton kaj prizorgi la bonan funkciadon de la renoj kaj de aliaj organoj; ili volas eksperimenti ties uzadon por la popolo, *in anima vili* (ĉe malpli alta animalo) anstataŭ ol turni ĝin kontraŭ la kapitaliston, kies malvirtojn ili devas pardoni kaj permesi.

Sed, trigroŝaj filozofoj, kial tiel cerbumaĉi por starigi moralon, kies praktikadon vi ne kuraĝas konsili al viaj mastroj? Ĉu vian labor-dogmon, pri kiu vi tiom fieras, vi volas vidi ofendmokata, malhonorata? Ni malfermu la historion de la antikvaj popoloj kaj la veraĵojn de iliaj filozofoj kaj leĝfarantoj.

> *"Mi ne povus aserti,* diras la patro de la Historio, Herodoto, *ke la grekoj dankas al la egiptoj la malŝaton al laboro, ĉar mi trovas la saman malŝaton regantan ĉe la tracoj, la skitoj, la persoj, la lidianoj; unuvorte, tial ke ĉe la plimulto el la barbaroj, tiuj, kiuj lernas la meĥanikajn artojn, kaj eĉ iliaj infanoj, estas konsiderataj kiel la lastrangaj el la civitanoj ... Ĉiuj grekoj estis edukitaj laŭ tiuj principoj, ĉefe la lacedemonanoj."*[78]

> *"En Ateno, la civitanoj estis veraj nobeloj, kiuj devis zorgi nur pri la defendo kaj la administrado de la komunumo, kiel la sovaĝaj militistoj el kiuj ili originis. Devante do la tutan tempon esti liberaj por prizorgi, per sia intelekta kaj korpa forto, la interesojn de la respubliko, ili ŝarĝis la sklavojn per ĉia laboro. Same, en Lacedemono, eĉ la virinoj devis nek ŝpini nek teksi por ne malnobeliĝi."*[79]

---

78 Herodoto, vol. II. trad. Larcher, 1876.
    Ladedemono, lacedemonanoj: alia nomo por Sparto, spartanoj. -vl
79 Biot. "De l'abolition de l'esclavage ancien en Occident", 1840 (Pri la abolo de la antikva sklaveo en Okcidento").

La romanoj konis nur du noblajn kaj liberajn metiojn, la kampkulturon kaj la armeon; ĉiuj civitanoj rajte vivis je la kostopago de la ŝtato. Oni ne povis devigi ilin perlabori sian vivon per iu el la *sordidae artes*[80] (tiel ili nomis la metiojn), kiuj rajte apartenis al la sklavoj. Bruto, la Malnova, por ribeligi la popolon, ĉefe akuzis Tarkvinon, la tiranon, ke li faris el liberaj civitanoj metiistojn kaj masonistojn.[81]

La antikvaj filozofoj interdisputis pri la origino de la ideoj, sed ili interkonsentis pri abomeno de la laboro.

> "La naturo, diris Platono en sia socia utopio, en sia modela *Respubliko*, la naturo faris nek ŝuiston nek forĝiston; tiaj okupiĝoj malnobligas la persononojn, kiuj praktikas ilin; malnoblaj dungsoldatoj, sennomaj mizeruloj, kiuj pro sia stato mem estas senigitaj je politikaj rajtoj. Koncerne la komercistojn kutimantajn mensogi kaj trompi, oni toleras ilin en la civito nur kiel necesan malbonon. La civitano, kiu malnobligas sin per la butikkomerco, estos persekutata pro tiu delikto. *Se kulpa, li estas kondamnita je unu jaro da mallibero. La puno estas duobla je ĉiu rekulpiĝo.*"[82]

En sia "*Ekonomiko*" Ksenofono skribis:

> "La personoj, kiuj sin dediĉas al manlaboroj, oni neniam enoficigas kaj oni ja pravas. La plimultaj, kondamnite sidi la tutan tagon, kelkaj eĉ antaŭ senĉesa fajro, ne povas eviti difektiĝon de la

---

80 Latine, "malnoblaj, malpuraj artoj". -vl
81 Tito-Livio, I. libro I.
82 Platono: "Respubliko", I, V.

korpo kaj estas ja malfacile, ke la spirito pro tio ne suferu."

"Kio honorinda povas eliĝi el butiko", deklaras Cicerono[83], *"kaj kion honestan povas produkti komerco? Ĉio nomata «butiko» ne indas je honestulo […], ĉar la komercistoj ne povas monprofiti sen mensogi, kaj kio pli hontinda ol mensogo! Oni devas do konsideri malnobla kaj triviala la metion de ĉiuj, kiuj vendas sian penon kaj sian laboron; ĉar kiu ajn donas sian laboron por mono, tiu vendas sin mem kaj sin lokas ĉe la rangon de la sklavoj."*[84]

Proletoj, stultigitaj de la labor-dogmo, ĉu vi aŭdas la lingvaĵon de tiuj filozofoj, kiun oni ĵaluze kaŝas al vi: civitano, kiu donas sian laboron por mono, malaltigas sin al la rango de la sklavoj, li faras krimon, kiu meritas jarojn da malliberejo. La kristana hipokrito kaj la kapitalista utilismo ne perversigis tiujn filozofojn de la antikvaj respublikoj; sin esprimante por liberaj homoj, ili naive diris sian opinion. Platono, Aristotelo, tiuj gigantaj pensuloj, kies maleolon povas atingi niaj Cousin, Caro,[85] Simon, nur leviĝante sur la piedpintoj, volis, ke la civitanoj de iliaj idealaj respublikoj vivu en la plej granda senokupeco, ĉar, aldiris Ksenofono, *"la laboro rabas la tutan tempon kaj pro ĝi oni havas nenian*

---

83 Marcus Tullius Cicero (106–43 a.n.e.), roma ŝtatisto kaj verkisto. -vl
84 Cicerono: "Pri la devoj" – I, tit. II, ĉap. XI.II.
85 Victor Cousin)1792–1867), profesoro pri folozofio; Elme-Marie Caro (1826–1887), profesoro pri filozofio.

libertempon por la respubliko kaj la amikoj". Laŭ Plutarĥo, la granda merito de Likurgo, "la plej saĝa el la homoj" kaj pro tio admirata de la posteularo, estis, ke li konsentis libertempojn al la civitanoj de la respubliko, malpermesante al ili ĉiun ajn metion.[86]

Sed respondas la Bastiat, Dupanloup[87], Beaulieu kaj kompanio de la kristana kaj kapitalisma moralo, tiuj pensuloj, tiuj filozofoj rekomendis la sklavecon. − Jes ja, sed ĉu povis esti alie en la ekonomiaj kaj politikaj kondiĉoj de ilia epoko? La milito estis la normala stato de la antikvaj socioj; la libera homo devis dediĉi sian tempon por pridiskuti la aferojn de la ŝtato kaj zorgi pri ties defendo; la metioj estis tiam tro primitivaj kaj tro krudaj por ke praktikante ilin, oni povus plenumi ankaŭ sian soldatan kaj civitanan metion; por havi militistojn kaj civitanojn, la filozofoj kaj la leĝfarantoj devis toleri la sklavojn en la heroaj respublikoj.

− Sed ĉu la moralistoj kaj la ekonomikistoj de la kapitalismo ne rekomendas la salajrecon, la modernan sklavecon? Kaj al kiuj homoj la kapitalisma sklaveco donas libertempojn? − Al Rothschild-oj, al Schneider-oj, al s-inoj Boucicaut, senutilaj kaj malutilaj, sklavaj de siaj malvirtoj kaj de siaj servistoj.

---

86 Platono: "Respubliko" V, kaj "Leĝoj" III; Aristotelo: "Politiko" II kaj VII; Ksenofono: "Ekonomiko" IV kaj VI; Plutarĥo: "Vivo de Likurgo".

87 Frédéric Bastiat (1891..1859(m ejibinujusto. Dupanloup (1802–1878), ĉefpastro de Orleano. -vl

"La antaŭjuĝo pri sklaveco regis la spiriton de Pitagoro kaj de Aristotelo", oni malŝateme skribis; kaj tamen Aristotelo antaŭvidis, ke

"Se ĉiu ilo povus sen ordono, aŭ per si mem, plenumi sian propran funkcion, same kiel la tripiedoj de Vulkano sponte komencis sian sanktan laboron; se, ekzemple, la navedoj de la teksistoj teksus per si mem, la laborestro ne plu bezonus helpantojn, kaj la mastro sklavojn."

La revo de Aristotelo estas nia realo. Niaj fajrospiraj, ŝtalmembraj maŝinoj, nelacigeblaj, kun mirinda, neelĉerpebla fekundeco, obeeme plenumas per si mem sian sanktan laboron; kaj tamen la genieco de la grandaj filozofoj de la kapitalismo restas superregata de la antaŭjuĝo pri salajreco, la plej aĉa el la sklavecoj. Ili ankoraŭ ne komprenas, ke la maŝino estas la savanto de la homaro, la Dio, kiu elaĉetos la homon el la "malnoblaj metioj" kaj el la salajrata laboro, la Dio, kiu havigos al ĝi ripozon kaj liberon.

Paŭlo LAFARGO

Pigre esperantigis kaj presis: *Kribo*[88]

---

88   Tiel en la 1-a eldono ĉe la Broŝurservo de S.A.T. -vl

Redaktaj notoj

Inter kapitalo kaj laborista movado preskaŭ ĉiam ekzistis principa samopinio en tio, ke la homoj devas labori. Kelkaj laboristaj organizaĵoj nomiĝas "Partio de laboro". Tio ne vere kongruas kun marksaj pozicioj. En la "Germana ideologio" Markso skribis:

> "... 3. ke en ĉiuj ĝisnunaj revolucioj la speco de aktiveco ĉiam restis netuŝita kaj ke temis nur pri alia distribuado de tiu aktiveco, pri nova disdivido de la laboro al aliaj personoj, dum la komunisma revolucio direktas sin kontraŭ la ĝisnuna speco de la aktiveco, forigas la laboron kaj forigas la regadon de ĉiuj klasoj kun la klasoj mem, ..."[89]

> "Do, dum la forkurintaj servutoj volis nur libere disvolvi kaj validigi siajn jam ekzistantajn ekzistad-kondiĉojn kaj lastanalize atingis nur la liberan laboron, la proletoj, por persone validigi sin, devas nuligi sian ĝisnunan ekzistad-kondiĉon, kiu estas samtempe tiu de la tuta socio, la laboron."[90]

Paŭlo Lafargo amikis kun Karlo Markso. Li estis ne nur ties bofilo, sed ricevis de li ankaŭ sian politikan instruadon. En siaj "Personaj memoroj pri Karlo Markso" li skribas:

> "Dum jaroj mi akompanis lin dum liaj vesperaj promenadoj al Hampstead Heath; dum tiuj promenadoj tra la herbejoj mi ricevis de li mian

---

89 *Marx-Engels-Werke*, vol. 3, p. 69.
90 *Marx-Engels-Werke*, vol. 3, p. 77.

ekonomian edukadon. Sen eĉ mem tion rimarki, li disvolvis antaŭ mi la enhavon de la tuta unua volumo de "La kapitalo", iom post iom, en la mezuro, laŭ kiu li tiam verkis ĝin ... Estis, kvazaŭ vualo disŝiriĝus antaŭ miaj okuloj; por la unua fojo mi klare sentis la logikon de la mond-historio kaj kapablis kompreni la ŝajne tiom kontraŭdirajn fenomenojn en la evoluo de la socio kaj de la ideoj laŭ iliaj materiaj kaŭzoj. Mi estis de tio kvazaŭ blindigita, kaj dum jaroj tiu impreso restis."[91]

Paulo Lafargo naskiĝis 1842 en Kubo. En 1851 la familio elmigris al Francujo. Kiel studanto li aliĝis al la revolucia movado. En Francujo li pro politikaj kialoj estis ekskludita el studado de medicino. En Londono li konatiĝis kun Karlo Markso kaj entuziasmiĝis pri ties ideoj. En 1868 li edziĝis al ties filino Laura. Paŭlo Lafargo estis politika organizanto por la Internacia Laborista Asocio (la 1-a Internacio) interalie en Francujo, Hispanujo, Portugalujo. Por kovri sian vivtenadon li en Londono dum certa tempo funkciigis fotistan atelieron. En 1882 li transloĝiĝis al Francujo. Dufoje li estis tie en malliberejo. En 1911 li kaj lia edzino kune memmortigis sin.

Paŭlo Lafargo verkis multajn artikolojn por maldekstraj gazetoj. *"Le droit à la paresse"* (La rajto je pigro) estas lia plej konata. Ĝi aperis unuafoje en 1880 en la revuo

---

91 *Paul Lafargue: Persönliche Erinnerngen an Karl Marx;* cititaj laŭ: *Über Paul Lafargue und die Satire; en: Paul Lafargue: Das Recht auf Faulheit und andere Satiren. Stattbuch Verlag,* Berlino.

"L'Egalité". En 1883 ĝi estis eldonita kiel broŝuro kaj tradukita en multajn lingvojn.

Pri tiu ĉi reeldono

Kvankam la tradukinto, Kribo, deklaras sian tradukon mallerta (vd p. 7), mi povas nur konstati, ke li tradukis elstare bone, kaj ke la kelkaj evidentaj eraroj estas tiuj, kiuj okazas pli aŭ malpli al ĉiu, eĉ al lerta kaj sperta tradukisto.

Sed estas aliaj kriterioj, kiuj tute ne tuŝas lian lertecon aŭ spertecon, sed rilatas al la ĝenerala sinteno de la esperantistaro al sia lingvo en diversaj tempoj kaj medioj.

Tiel ekzemple la emo tuŝi principojn de la Fundamento de Esperanto (anstataŭigo de la fundamenta *ĥ* per *k*), aŭ francismoj tiutempe tre kutimaj ĉe ne nur francaj verkistoj (*alineo* anstataŭ *paragrafo*; *Ŝtato* kaj *Eklezio* anstataŭ *ŝtato* kaj *eklezio*) kaj kelkaj aliaj tiam laŭmodaj formoj (*Romio* anstataŭ *Roma Imperio* aŭ *Roma regno*).

Alia afero estas la ĝenerala emo uzi nacilingvajn formon anstataŭ kunmetaĵojn de ekzistantaj vortoj. Ĉar tiu kutimo tendencas sekvi la naciajn lingvojn en akumulado de ne necesa vortmaterialo, ĝi fine perdigus al nia lingvo parton de ĝia ekzistorajto.

Kaj fine la ne evitebla problemo de la propraj nomoj, pri kiu Petro Levi prave diris, ke ĉe tio ne ekzistas kaj ne povas ekzisti solvo, kiu kontentigas ĉiujn. Kribo decidis Esperantigi la personajn nomojn, sed ne la familiajn. Mi sekvas la principon prezenti proprajn nomojn en ilia Esperanta formo nur se 1-e ili jam estas disvastiĝintaj en Esperanto (ekz-e en la Fundamento, en vortaro kiel la Reta Vortaro (ReVo) aŭ la Plena Ilustrita Vortaro (PIV) kaj 2-e se la koncerna nomo aperas ofte en la koncerna teksto. En ĉiuj aliaj kazoj mi uzas la originalan formon, se ĝi ekzistas en latinlitera lingvo, kaj, se ne, en latinlitere adaptita formo.

Jen listigo de la ŝanĝoj:

Ŝanĝoj

Paŭlo Lafargue → Paŭlo Lafargo

Karlo Marx → Karlo Markso

rajto de pigro → rajto je pigro

anarkiistoj → anarĥiistoj

pli ol unu jarcento → pli ol jarcento

multaj alineoj → multaj paragrafoj

- -

de l' klerikaro → de la klerikaro (kaj tiel en ceteraj kazoj)

tial ke mi kalkulas → ĉar mi …

superregon → superregadon

Karcero → Malliberejo (kaj tiel en ceteraj kazoj)

- -

ol sia Dio → ol ilia Dio

al dek horoj (p. 19) → al dek du horoj

rehonorigi → rehonori

ĉio senpovas → ĉio ĉi ne sufiĉas

ŝpinilo → puntoplektilo

antikva Romio → antikva Romo

Ĝermanojn → ĝermanojn (kaj simile en ceteraj kazoj)

Baĥkiroj → baŝkiroj

Romian Imperion → Roman Imperion

la pastro l' kvina jarcento → la pastro de la kvina ...

episkopa → ĉefpastra

estas ... el la azia flanko de Uralo → ... ĉe la ...

agrikultraj → kampkulturaj

plivole → pli vole

manufaktura Alzaco → manufakture disvolvita Alzaco

iri serĉi → iri

majo → Majo (kaj simile)

tempaĝo → epoko

ĉifvestitaj → ĉifone vestitaj

falsajn bezonojn → artefaritajn ...

netraakvigebleco → akvorepelo

prototipo → pratipo

Ŝanĝoj

demoralizite → senkuraĝigite

el + lando → en (aŭ *de*, laŭ la signifo)

el + geografia nomo → ĉe

pli-malpli → pli aŭ malpli

uenoj → ŭenoj →

`Stato; Eklezio → ŝtato; eklezio (se ne frazkomence)

Tio sekvanta la superproduktadon → Kio sekvas la superproduktadon

parabolo → parolado (surmonta parolado)

la Galicianoj, tiuj aŭvernjanoj el Britio → … aŭvernjanoj de Hispanio

produktivecon → produktivon (laŭ la senco)

deboĉvivo → diboĉa vivo

tage-nokte → tage kaj nokte

manĝegaĉantaj burĝoj → burôj, kiuj vore grasiĝas

egiptiaj piramidoj → egiptaj …

suplecon → molecon

aristokratia registaro → aristokrata …

kiel arkadiaj papagoj → kiel papagoj

volvomaŝino → ŝpinmaŝio

kaj aliaj publikaj gazetoj → kaj aliaj publikejoj

revenĝon → venĝon

matusanismo → maltusismo

kraĉaĵoj → ordenoj

Redaktaj notoj

la bonan popolon → la homojn

kun estingitaj okuloj → kun senbrilaj …

por fari bronzan leĝon → … feran leĝon

penige grimpadas → pene …

ili havas la mision pardoni → ili devas pardoni

Dao → Deo (mallonga formo de la greka diino Demetro (Demeter)

martirvivon → martiran vivon

civilaj militoj → internaj militoj

altruista → malegoista

simieska masko → simieca …

bankieroj → bankistoj

unuj … la aliaj → la unuaj … la aliaj

naskiĝis → estis idoj de la grunda

kiel rakontas ion la […] ekonomikistoj → kiel rakontas la
[…]ekonomikistoj

senreplika → nerebatebla

nupto → geedziĝofesto

Tial ke → Ĉar (en pluraj okazoj)

kiujn la kudristinoj mortigas sin por konstrui → por kiujn konstrui la
  kudristinoj mortigas sin

enormaj → egaj

aŭvernoj → aŭvernjanoj

produktaĵaro (por "caractère de production") → produkta bazo

Ŝanĝoj

detalos → dismetos

rajton al laboro → rajton je laboro

balontantojn → balotantojn

enorma femalo → inego

de unu jarcento → jam de jarcento

se ili elpensis la dogmon → kvankam ili elpensis…

ekskuzi → pardoni

apendico → aldonaĵo

soldo → groŝo (tie, kie ne temas pri la franca monero: ĝroŝo estas
Fundamenta, dum la senco de soldo kolizias kun la salajro de
soldato kaj kun sold-ato mem)

filozofoj po kvar soldoj por dekduo → trogroŝaj filozofoj

sordidoe artes → sordidae artes

ili interkonsentis, se temis abomeni la laboron → ili interkonsentis pri
abomeno de la laboro

la Romianoj → la romanoj

*tiuspecaj okupoj malnobligas la personojn, kiuj praktikas ilin,   mal
noblajn dungsoldatojn, sennomajn mizerulojn, kiuj →   tiaj   okup
iĝoj malnobligas la personojn, kiuj praktikas ilin; malnoblaj
dungsoldatoj, sennomaj mizeruloj, kiuj*

Plutarko → Plutarĥo

spontane → sponte

Aldono al la pretervidita paragrafo:

"Proletoj, stultigitaj de la labor-dogmo, ĉu vi aŭdas la lingvaĵon de
tiuj filozofoj, kiun oni ĵaluze kaŝas al vi: civitano, kiu donas sian laboron

por mono, malaltigas sin al la rango de la sklavoj, li faras krimon, kiu meritas jarojn da malliberejo.”

Piednotoj

La piednotoj ĝenerale estas tiuj de la respektiva aŭtoro. Ceteraj piednotoj estas markitaj per la siglo de la respektiva persono.

Sigloj

-kr   Kribo

-vl   Vilhelmo Lutermano

Mallongigoj

a.n.e.   antaŭ nia erao (antaŭ nia tempkalkulo)[92]

ĉap. ĉapitro

ed.   editoris

ktp   kaj tiel plu

L.K. Lingva Komitato

---

92 Iuj diras ankaŭ “antaŭ Kristo” (a.K.).

n-ro   numero

p.   paĝo; paĝoj

PLI   El Pequeño Larousse Ilustrado 2007, Editiones
Larousse, Londres núm. 247, México06600, D. V.,
Decimoterca edición

pn   piednoto

s; sj   sekva; sekvaj

v.c.   verko citita

vol.   volumo

Havano, en Majo de 2020

Vilhelmo Lutermano

La Monda Asembleo Socia (MAS) kaj ĝiaj libroj

La MAS estas asocio fondita en la jaro 2005 de Esperantistoj kiuj, inspiritaj de la artikoloj de la gazeto *Le Monde diplomatique en Esperanto* (http://eo.mondediplo.com) – reta, laŭokaze ankaŭ papera – volas ne nur legi, sed ankaŭ diskuti kaj agi.

Ĝia retejo: http://mas-eo.org enhavas ĉiujn interesajn informojn pri MAS, kaj krome multajn legindajn artikolojn, tradukitajn aŭ mem verkitajn de la membroj. Ĉiu membro rajtas ne nur publikigi en la retpaĝo de MAS siajn tekstojn, sed ankaŭ publikigi librojn en la eldonejo de MAS.

Ĝis nun eldoniĝis jam pluraj libroj, i.a. ĉar la enspezojn per venditaj libroj MAS uzas por eldoni novajn. Montriĝis, ke verkado, tradukado kaj eldonado de libroj fariĝis la ĉefa agado de la MAS-anoj. Vidu jen la ĝis nun eldonitajn titolojn en la vico de ilia apero:

1. – C. F. Ramuz: Aline (novelo de la franclingva svisa aŭtoro en traduko de nia fama René de Saussure, reeldonita post la unua eldono en 1911), MAS, 2007, 127 p., ISBN 918-2-9529537-0-2 (elĉerpita. **2-a eldono vidu n-ron 127**)

2. – **Arturo Ŝniclo: Rondo (Dek dialogoj); La fianĉino (Skizo)**, kun eseo pri verkoj de Ŝniclo de Hartmut Scheible, trad. de Vilhelmo Lutermano, MAS, 2007, 127 p., ISBN 918-2-9529537-2-6

3. – Karlo Markso: Salajro, prezo kaj profito (prelego pri bazaj ekonomiaj fenomenoj antaŭ internaciaj delegitoj de la laborista movado), trad. de Vilhelmo Lutermano, MAS, 2007, 59 p., ISBN 978-2-9529537-1-9 (elĉerpita, **2-a eld. sub 159**)

4. – **Kubaj infanrakontoj**, trad. de Jozefo de Jesús Campos Pacheco kun ilustraĵoj de Danny Daniel Pereyra, MAS, (2007, 120 p.), 2-a eld. 2017, 118 p., ISBN 978-2-9529537-088-6

5. – GBEGLO Koffi: Esperantujismo, MAS, 2008, 72 p., ISBN 978-2-9529537-5-7 (elĉerpita, vd la **2-an eldonon sub n-ro 171**)

6. – **Johano Besada: Eseoj**, MAS, 2008, 92 p., ISBN 978-2-9529537-3-3

7. – **[Karlo Markso] Markso hodiaŭ -- Nerefuteblaj citaĵoj**, trad. de Vilhelmo Lutermano, MAS, 2008, p. 91 p., ISBN 978-2-9529537-8-8

8. – **Fidel Castro Ruz: Dialogo de civilizacioj (2 paroladoj)**, elhispanigita de Amparado Cisnero, MAS, 2009, 84 p., ISBN 978-2-9529537-7-1

La Monda Asembleo Socia (MAS) kaj ĝiaj libroj

9. – Dominique Vidal kun Sébastien Boussois: Kiel Israelo elpelis la palestinanojn 1947-1949, elfrancigis Vilhelmo Lutermano, MAS, 2009, 361 p., ISBN 978-2-9529 537-6-4

10. – Unuiĝintaj Nacioj: Ĉarto de la Unuiĝintaj Nacioj, Universala Deklaro de Homrajtoj, Konsilantaro pri Homrajtoj, Internacia Traktato pri Ekonomiaj, Sociaj kaj Kulturaj Rajtoj, Internacia Traktatoj pri la Civilaj kaj Politikaj Rajtoj, Konvencio pri la Rajtoj de la Infano, Konvencio pri la Rajtoj de Handikapitoj, Protokolo pri abolo de mortpuno, Konvencio pri Indiĝenaj kaj Tribaj Popoloj – trad. de Vilhelmo Lutermano, MAS, 2009, 230 p., ISBN 978-2-9529537-9-5

11. – Karlo Markso: Dunglaboro kaj kapitalo, trad. de Vilhelmo Lutermano, MAS, 2009, 44 p., ISBN 978-2-918300-00-7 (elĉerpita; vidu **2-an eld. MAS 236**)

12. – Karlo Markso: Pri liberkomerco, kun antaŭparolo de Frederiko Engelso, trad. de Vilhelmo Lutermano, MAS, 2009, 52 p., ISBN 978-2-918300-02-1

13. – Karlo Markso: Kritiko de la Gotaa Programo, kun antaŭparolo de Frederiko Engelso, trad. de Vilhelmo Lutermano, MAS, 2009, 44 p., ISBN 978-2-918300-03-8 (2-a eld.: 978-2-918300-21-2)

14. – Eddy Raats: La longa vojaĝo. Travivaĵoj de etulo, MAS, 2009, 103 p., ISBN 978-2-918300-05-2

15. – Dania Rodríguez García: Ni interŝanĝu; La nova leterportistino; Du kaj la fantazio. Tri infanteatraĵoj. Elhispanigitaj de Jozefo de Jesús Campos Pacheco kaj Vilhelmo Lutermano, MAS, 2009, 112 p., ISBN 978-2-918300-04-5

16. – Kien Ĉinio? Dek-du analizoj el diversaj landoj kaj vidpunktoj. François Jullien: Ĉinscienco en sakstrato – Ĉinio en la spegulo de Okcidento; Manfred Szameitat: Sukcesa, sed ne socialisma; Ingo Nentwig: Naciaj malplimultoj kaj politiko pri naciaj malplimultoj en la PR Ĉinio; Barry Sautman: Protestoj kaj separismo en Tibeto; Michael Parenti: La mito de Tibeto; Enfu Cheng: Fundamentaj trajtoj de la socialisma merkatekonomio; Jian Xinhua: Harmonia socio, salajrolaboro kaj klasbataloj; Theodor Bergmann: La socialisma disvolvo-strategio de la PR Ĉinio; Rolf Berthold: Pri la interna kaj eksterapolitiko de la KP de Ĉinio; Li Bingyan: Ĉinio sub influo de la novliberalismo; Helmut Peters: Popolrespubliko Ĉinio: 30 jaroj da reform- kaj malferm-politiko; Jean-Louis Rocca: Ĉu la ĉina meza klaso estas revolucia? Elgermanigitaj de Vilhelmo Lutermano, MAS, 2009, 142 p., ISBN 978-2-918300-06-9

17. – Karlo Markso: La mizero de la filozofio, respondo al J. B. Prudono: "La filozofio de la mizero"; kun antaŭparoloj de Frederiko Engelso; Pri J. B. Prudono. Tradukitaj de Vilhelmo Lutermano, MAS, 2009, 196 p., ISBN 978-2-918300-08-3

18. – Jörg Goldberg k.a.: Ekonomia krizo – Analizoj n-ro 1, Jörg Goldberg: La historia pozicio de la nuna ekonomia krizo – pli da demandoj ol respondoj, Horst Hensel: La nomoj de la mono – kontribuaĵo al karakterizo de la nuna kapitalismo, Harald Werner:

La Monda Asembleo Socia (MAS) kaj ĝiaj libroj

Notoj pri la psiĥologio de la krizo, Sarah Wagenknecht: Brulfaristoj kiel fajrobrigado – Kritiko de la krizmastrumado, Elgermanigoj de Vilhelmo Lutermano, MAS, 2009, 57 p., ISBN 978-2-918300-09-0

19. – Salim Lamrani (komp.): La terorismo de Usono kontraŭ Kubo – La Kuba Kvinopo, Howard Zinn: La radikoj de la politiko de Usono rilate Kubon, Noam Chomsky: Kubo kaj Usono – preskaŭ duonjarcento da teroro, William Blum: La nepardonebla revolucio, Michael Parenti: Agreso kaj propagando kontraŭ Kubo, Piero Glejeses: Kubo, Afriko kaj la kvin kubanoj, Ignacio Ramonet: Miamo, nesto de teroristoj, Salim Lamrani: La Kuba-Usona Nacia Fondaĵo (KUNF) kaj la internacia terorismo, Leonard Weinglass : La proceso kontraŭ la Kuba Kvinopo, Wayne Smith: Trista paĝo en la historio de usona juro, Saul Landau: Kvin kubanoj en malliberejo: viktimoj de la obsedo de Bush, Michael S. Smith: Raporto pri du procesoj, James Petras: La Kvin Kubanoj – kandidatoj por la Nobel-premio, Jitendra Sharma: Veraj batalantoj kontraŭ terorismo, Rikardo Alarcón de Quesada: La kazo de la Kvin – pruvo de la terorismo de Usono kontraŭ Kubo, Gianni Miná: Historio kiun la amaskomunikiloj kaŝas – la kvin kubanoj, Nadine Gordimer: La homaro kiel reflekto de la justeco, tradukoj de div. MAS-anoj, MAS, 2009 tradukoj de div. MAS-anoj, 2009, 232 p., ISBN 978-2-918300-10-6

20. – Elisée BYELONGO IŜELOKE: Eĥoj el Bembujo. Tradicio, rilatoj kun Banyamulenge, la genezo de la milito en Kongolando-Kinŝaso, kaj la diasporo rilate al Esperanto, MAS, 2009, 91 p., ISBN 978-2-918300-11-3

21. – Oktobra Revolucio kaj la sekvoj. Moshe Lewin: La Oktobra Revolucio rezistas al la historio; Hansgeorg Conert: Bazoj kaj evoluo de la sovetsocio; Robert Steigerwald: Socialismo kaj ŝtato – dek tezoj, elgermanigita de Vilhelmo Lutermano, MAS, 2009, 48 p., ISBN 978-2-918300-07-6

22. – Ekonomia krizo, Analizoj n-ro 2, Joachim Bischoff: La financkrizo kaj alternativoj, Andreas Fisahn: Demokratia stirado de la ekonomio, Manfred Sohn: Dek tezoj por sociigo de la cirkuladsfero, Luciano C. Martorano: Socialismo, sociigo, demokratio, Manfred Lauermann: La dialektika plan-ekonomio de Ĉinio – respondo al la financkrizo, Elgermanigitaj de Vilhelmo Lutermano, MAS, 2009, 81 p., ISBN 978-2-918300-12-0

23. – La homo kaj lia naturo – La bildo pri la homo en la kapitalisma socio kaj en marksismaj sciencoj. Lucien Sève: Ĉu la homo? – La marksa antropologio kaj ĝiaj bazaj konceptoj, Werner Seppmann: Mond- kaj hom-bildoj – Pri la formoj de ideologiaj potencreproduktado, Helga E. Hörz: Ĉu la hombildo krizas? Hans-Peter Brenner: Biopsiĥosocia unuo homo – kogna cerbesplorado kaj ties impulsoj por la marksisma hombildo, Elgermanigitaj de Vilhelmo Lutermano, MAS, 2009, 72 p., ISBN 978-2-918300-15-1

24. – Karlo Markso: La kapitalo. Volumo I, Kritiko de la politika ekonomio. Libro I: La produktadprocezo de la kapitalo, Ĉapitroj unua ĝis naŭa, Elgermanigita de Vilhelmo Lutermano, MAS, 2009, 381 p., ISBN 978-2-918300-13-7 (elĉerpita; **vd la 3-an eld. n-ron 166**)

La Monda Asembleo Socia (MAS) kaj ĝiaj libroj

25. Karlo Markso; Frederiko Engelso: Tezoj pri Fojerbaĥo; Principoj de komunismo kaj aliaj verketoj, elgermanigitaj de Vilhelmo Lutermano, MAS, 2010, 62 p., ISBN 978-2-918300-17-5

26. – Frederiko Engelso: La origino de la familio, de la privata proprieto kaj de la ŝtato, elgermanigita de Vilhelmo Lutermano, MAS, 2010, 204 p., ISBN 978-2-918300-16-8

27. – Arnold Petersen: Komentoj al la "Komunista Manifesto", tradukis el la angla kaj kompilis T. Veder, (reviziita reeldono de la sama, S.A.T., Parizo 1933), MAS, 2010, 49 p., ISBN 978-2-918300-19-9

28. – Ekonomia krizo, Analizoj n-ro 3 (2010), Werner Seppmann: Riskokapitalismo;, Richard Sorg: Domenico Losurdo interpretas Niĉeon;, Christina Kaindl: Subjektiveco en la krizo; Harald Werner: La krizo en la ordinara konscio; Christoph Butterwegge: Mondekonomia krizo, evoluo de la socialŝtato kaj malriĉeco, Elgermanigita de Vilhelmo Lutermano, MAS, 2010, 80 p., ISBN 978-2-918300-22-9

29. – Werner Seppman: Laboro kaj dialektiko – Pri la emancip-horizonto de la Marksa pensado; Harald Neubert: La "historia misio de la laborista klaso" ĉe Markso kaj Engelso kaj la historia realeco; Hans Kölsch: Kubo – Heinz Dieterich – kontraŭece; Otto Meyer: Teologio de liberigo – ĉu etikedo-trompo aŭ paŝoj al emancipiĝo? Eseoj elgermanigitaj de Vilhelmo Lutermano, MAS, 2010, 79 p., ISBN 978-2-918300-18-2

30. – Adjévi ADJE: El togolanda saĝosako, MAS, 2010, 56 p., ISBN 9782-918300 20-5

31. – Elmar Getto: Brazilo transe de piedpilko kaj sambo. Germanigita de Karl Weiss, elgermanigita de Vilhelmo Lutermano, MAS, 2010, ISBN 978-2-918300-25-0 (nur rete; vd la presitan libron **n-ro 67**)

32. – Ivan Efremov: La nebulozo de Andromedo, Sciencfikcia romano, El la rusa tradukis Jurij Finkel, MAS, 2010, 403 p., ISBN 978-2-918300-24-3

33. – Domenico Losurdo: Ĉu fuĝi el la historio? La rusa kaj la ĉina revolucioj hodiaŭ, elgermanigita de Vilhelmo Lutermano, MAS, 2010, 199 p., ISBN 978-2-918300-26-7

34. – Maritza Gutiérrez: José Martí – de kie kreskas la palmo, MAS, 2010, 54 p., ISBN 978-2-918300-28-1 (1-a eld., elĉerp., **vd 34a**)

34a. – Maritza Gutiérrez: José Martí – de kie kreskas la palmo, MAS, 2016, 66 p., ISBN 978-2-36960-068-8 (2-a eld.)

35. – Karlo Markso: La kapitalo. Volumo I, Kritiko de la politika ekonomio. Libro La produktadprocezo de la kapitalo, Ĉapitroj deka ĝis dektria, Elgermanigita de Vilhelmo

La Monda Asembleo Socia (MAS) kaj ĝiaj libroj

Lutermano, MAS, 2010, 243 p., ISBN 978-2-918300-14-4 (elĉerpita, **vd la 3-an eld. n-ron 166**)

36. – Kien la klimato? Post Kopenhago kaj Koĉabambo, Eseoj kaj raportoj, Alexis Passadakis kaj Hendrik Sander: Konkurenco en la forcejo Klimatpolitikaj perspektivoj post la fiasko de Kopenhago; Hans-Jörg Schimmel: La ideologia dimensio de la CO_2-diskuto; Karl Hermann Tjaden: Kapitalmoviĝo kaj klimata okaziĝo; raportoj, tradukitaj de Vilhelmo Lutermano, MAS, 2010, 59 p., ISBN 978-2-918300-31-1

37. – Georgo Pleĥanov: Pri rolo de la persono en la historio, El la rusa tradukis Jurij Finkel, MAS, 2010, 59 p., ISBN 978-2-918300-36-6.

38. – Karlo Markso: Pri la juda demando, elgermanigita de Vilhelmo Lutermano, MAS, 2010, 49 p., ISBN 978-2-918300-29-8

39. – Eddy Raats: Post la pluvo, pluvego, Travivaĵoj de junulo, MAS, 2010, ISBN 978-2-918300-34-2

40. – Adebayo AFOLARANMI: Ronke, la ĵaluzulino, MAS, 2010, 85 p., ISBN 978-2-918300-35-9

41. – Jozefo Ŝlejfŝtejno: Enkonduko en la studadon de Markso, Engelso kaj Lenino, elgermanigita de Vilhelmo Lutermano, MAS, (1-a eld. 2010, 271 p., ISBN 978-2-918300-27-4) 2-a eldono 2016, 282 p. ISBN 978-2-36960-050-3

42. – Ivan Efremov: La Horo de Bovo. Sciencfikcia romano, El la rusa tradukis Jurij Finkel, MAS, 2010, 573 p., ISBN 978-2-918300-37-3

43. – Roger Martelli: La komunismo estas bona partio – diru al ĝi JES, elfrancigita de Vilhelmo Lutermano, MAS, (1-a eld. 2010, 80 p.), 2-a eld. 2017, 96 p., ISBN 978-2-918300-36-6

44. – Karlo Markso: Kontribuaĵo al la kritiko de la hegela jurfilozofio. Enkonduko; Kontribuaĵo al la kritiko de la politika ekonomio. Antaŭparolo. Elgermanigitaj de Vilhelmo Lutermano, MAS, 2010, 36 p., ISBN 978-2-918300-38-0

45. – Miriam Rodrígues; ALVERA: Desegni la parkon, elhispanigis Jozefo de Jesús Campos Pacheco (porinfana pentrolibro), 28 p., ISBN 978-2-918300-23-6

46. – Kien Afriko en la 21-a jarcento? Le Monde diplomatique en Esperanto, MAS, 2010, 157 p., ISBN 978-2-918300-39-7

47. – Paŭlo Popo: Ĉu sekso subfosas? Maldekstraj teorioj de seksa liberiĝo kaj de malkonstruo de seksa identeco. Elgermanigita de Vilhelmo Lutermano, MAS, 2010, 80 p., ISBN 978-2-918300-41-0

La Monda Asembleo Socia (MAS) kaj ĝiaj libroj

48. – Ŝtejgervaldo, Roberto: Komunistaj star- kaj disput-punktoj, elgermanigita de Vilhelmo Lutermano, MAS, 2010, 151 p., ISBN 978-2-918300-40-3

49. - Jürgen Albohn: Teorio sen revolucia praktiko estas opio por la popolo – Kritiko de la Wertkritik. Elgermanigita de Vilhelmo Lutermano, MAS, 2010, 27 p., ISBN 978-2-918300-42-7

50. – V. I. Lenin: Ŝtato kaj revolucio. La instruo de la marksismo pri la ŝtato kaj taskoj de la proletaro en revolucio. Tradukis el la rusa G. Demidjuk, redaktis Jurij Finkel, MAS, 2011, 181 p., ISBN 978-2-918300-43-4

51. – Unuiĝintaj Nacioj: Internacia Konvencio pri la protekto de la rajtoj de ĉiuj migraj laboristoj kaj de iliaj familianoj. Tradukita de Vilhelmo Lutermano, MAS, 2011, 52 p., ISBN 978-2-918300-44-1

52. – Karlo Markso kaj Frederiko Engelso: Manifesto de la Komunista Partio en la tradukoj de Detlev Blanke (1990), Emil Pfeffer (1923), Arturo Baker (1908), (T. Veder 1933]) kaj la germana originalo, komp. Vilhelmo Lutermano, MAS, 2011, 289 p., ISBN 978-2-918300-45-8 (elĉerpita. Vd la novan eldonon (kvar-resp. kvin-versian) de 2017 sub la **MAS-numero 178**)

53. – Karlo Markso: La kapitalo. Volumo I, Kritiko de la politika ekonomio. Libro I: La produktadprocezo de la kapitalo, Ĉapitroj dekkvara ĝis dudekkvina , Elgermanigita de Vilhelmo Lutermano, MAS, 2011, 359 p., ISBN 978-2-918300-30-4 (elĉerpita; vd la **3-an eld. n-ro 166**)

54. Gvidlibreto por kompreni la internaciajn migradojn, tradukita de Jeanne Marie Cash, desegnaĵoj de la tradukinto, Monda Asembleo Socia (MAS), 2011, 15 p., ISBN 978-2-918300-47-2

55. Miriam Rodríguez: Profiloj de Suno kaj Luno, elhispanigita de Jozefo de Jesús Campos Pacheco, kun desegnaĵoj de Danny Daniel Perera Gutiérrez, MAS, 2011, 30 p., ISBN 978-2-918300-46-5

56. Frederiko Engelso: Ludoviko Fojerbaĥo kaj la fino de la klasika germana filozofio, elgermanigita de Vilhelmo Lutermano, MAS, 2011, 57 p., ISBN 978-2 918300.48-9

57. Georgo Dimitrofo: Raporto al la 7-a Kongreso de la Komunista Internacio; Harald Neubert: La Kominterno en la 1930-aj jaroj kaj la koncepto de unueco; kun enkonduko de Günther Judick, elgermanigitaj de Vilhelmo Lutermano, MAS, 2011, 113 p., ISBN 978-2-918300-49-6

58. José María Arguedas: Yawar-festo (Sangofesto), Esperantigita de Franklin Montenegro, MAS, 2011, 256 p., ISBN 978-2-918300-51-9

La Monda Asembleo Socia (MAS) kaj ĝiaj libroj

59. Ekonomia krizo n-ro 4. Joachim Becker: EU – de la ekonomia al la integriĝa krizo. Jörg Goldberg: La mondo de la du rapidoj. Elgermanigita de Vilhelmo Lutermano, MAS, 2011, 52 p., ISBN 978-2-918300-52-6

60. Frederiko Engelso en aktualaj diskutoj. Werner Seppmann: Privilegia loko por rigardi en la laborejon de la marksisma pensado. Notoj pri la korespondado inter Markso kaj Engelso; Erwin Marquit: Engelso kaj logikaj kontraŭdiroj; Karl Hermann Tjaden: Kial ne estiĝis vera engelsismo, Elgermanigitaj de Vilhelmo Lutermano, MAS, 2011, 35 p., ISBN 978-2-918300-50-2

61. V. I. Lenino: Tri fontoj kaj tri partoj de la marksismo; Anarĥiismo kaj socialismo; Pri la slogano de Unuiĝintaj Ŝtatoj de Eŭropo; La oportunismo kaj la kolapso de la 2-a internacio; La diferencoj en la eŭropa laborista movado; Antaŭparolo al la broŝuro de N. Buĥarin: "Mondekonomio kaj imperiismo"; elgermanigitaj de Vilhelmo Lutermano, MAS, 2011, 40 p., ISBN 978-2-918300-53-3

62. Daŭrigo de la Manifesto, Moderna poziciiĝo de komunista partio, La programo de la Germana Komunista Partio DKP, kun antaŭparolo de Helmut Dunkhase, elgermanigita de Vilhelmo Lutermano, MAS, 2011, 63 p., ISBN 978-2-918300-54-0

63. Lode Van de Velde: Epizodoj, MAS, 2011, 57 p., ISBN 978-2-918300-55-7

64. Jasuo HORI: Tertrema katastrofo de Japanio. Taglibro, MAS kaj SAT, 2011, 165 p., ISBN 978-2-918300-56-4

65. Werner Seppmann: La malkonfesata klaso.. Pri la laborista klaso hodiaŭ, elgermanigita de Vilhelmo Lutermano, Monda Asembleo Socia (MAS), 2011, 176 p., ISBN 978-2-918300-57-1

66. Roberto Ŝtejgervaldo: Sen laborista klaso okazas nenio esenca, sed sole kun ĝi – ankaŭ ne; Werner Seppmann: Remalkovro de la klasoj, elgermanigitaj de Vilhelmo Lutermano, MAS, 2011, 35 paĝoj, ISBN 978-2-918300-58-8

67. Elmar Getto: Brazilo transe de piedpilko kaj sambo. Germanigita de Karl Weiss, elgermanigita de Vilhelmo Lutermano, MAS, 2011, ISBN 978-2-918300-60-1

68. Karlo Markso: La kapitalo. Volumo I, Kritiko de la politika ekonomio. Libro I: La produktadprocezo de la kapitalo, elgermanigita de Vilhelmo Lutermano, MAS, 2011, ISBN 978-2-918300-59-5 (vd la **3-an eldonon, n-ro 166**)

69. Kien la klimato? N-ro 2, MAS, 2011, 61 p., ISBN 978-2-918300-61-8

70. Berto Breĥto: Historioj pri S-ro Kojno, elgermanigitaj de Vilhelmo Lutermano, MAS, 2011, 43 p., ISBN 978-2-918300-62-5 (kiel materialo por seminario ĉe MAS)

71. Ivan Efremov: Rakontoj pri neordinaraĵoj, tradukitaj el la rusa de Jurij Finkel, MAS, 2011, 604 p., ISBN 978-2-918300-63-2

La Monda Asembleo Socia (MAS) kaj ĝiaj libroj

72. Alfredo Bauer: Kritika historio de la judoj, vol. 1, elgermanigita de Vilhelmo Lutermano, MAS, 2011, 459 p, ISBN 978-2-918300-64-9

73. Karlo Markso: Respondo al V. I. Sasuliĉ, kun Klaus Gietinger: La miskompreno, elgermanigitaj de Vilhelmo Lutermano, MAS, 2011, 59 p., ISBN 978-2-918300-71-7

74. Frederiko Engelso: La evoluo de la socialismo de utopio al scienco, elgermanigita de Vilhelmo Lutermano, MAS, 2012, 65 p., ISBN 978-2-918300-65-6

75. Georgo Fulberto: „La kapitalo" koncize. Kun recenzo de Lucas Zeise. Elgermanigita de Vilhelmo Lutermano, MAS, 2012, 98 p., ISBN 978-2-918300-72-4

76. Ivan Efremov: Tais el Ateno. El la rusa tradukis Jurij Finkel. MAS, 2012, 533 p., ISBN 978-2-918300-73-1

77. Berto Breĥto: Me-ti, libro de turnoj. Elgermanigita de Vilhelmo Lutermano, en: Vilhelmo Lutermano: Materialo por la seminario de MAS: "Berto Breĥto kaj klasa moralo en liaj verkoj «Historioj pri S-ro Kojno» kaj «Me-ti, libro de turnoj», Parto 2-a: «Berto Breĥto: Me-ti, libro de turnoj»", MAS, 2012, 147 p., ISBN 978-2-918300-74-8

78. Eddy Raats: Pasio, defio, amikeco. Spertoj de montgrimpisto. MAS, 2012, 95 p., ISBN 978-2-918300-70-0

79. Eddy Raats: La longa vojaĝo. Travivaĵoj de etulo. 2-a eld., MAS, 2012, 99 p., ISBN 978-2-918300-76-2

80. V. I. Lenin: Imperiismo, kiel la plej alta stadio de kapitalismo. (populara eseo) El la rusa tradukis Jurij Finkel. Monda Asembleo Socia (MAS), 2012, 125 p., ISBN 978-2-918300-77-9

81. Yoandry Martínez Rodríguez: Tri en la montaro. Tri infanteatraĵoj kun desegnaĵoj de Adrián Armas González. Elhispanigita de Jozefo de J. Campos Pacheco, MAS, 2012, 54 p., ISBN 978-2-918300-79-3

82. Kien la klimato? N-ro 3 (2012) Pri la roloj de kresko kaj de merkato en la tasko protekti la klimaton, Kvin eseoj elgermanigitaj de Vilhelmo Lutermano, MAS, 2012, 62 p., ISBN 978-2-918300-80-9

83. Rolfo Lotero: Ĉu evolucio aŭ kreado? Elgermanigita de Vilhelmo Lutermano, Monda Asembleo Socia (MAS), 2012, 22 paĝoj, ISBN 978-2-918300-81-6

84. Hans' Magno Encensbergo: Defendo de la lupoj kontraŭ la ŝafidoj. Poemoj. Elgermanigitaj de Vilhelmo Lutermano, MAS, 2012, 118 p., ISBN 978-2-918300-75-5

85. Domeniko Losurdo: Libereco kiel privilegio. Kontraŭhistorio de la liberalismo. Esperantigita de Vilhelmo Lutermano, MAS, 2012, 379 p., ISBN 978-2-918300-82-3

La Monda Asembleo Socia (MAS) kaj ĝiaj libroj

86. Franco Kafko: Letero al la patro. Kun akompanaj tekstoj kaj postparolo de Michael Müller. Elgermanigitaj de Vilhelmo Lutermano. MAS, 2012, 81 p., ISBN 978-2-918300-83-0

87. Aleksandro Grin: Skarlataj veloj. La ora ĉeno. Kuranta sur ondoj. Mallongaj rakontoj. El la rusa tradukis Jurij Finkel. MAS, 2013, 418 p., ISBN 978-2-918300-84-7

88. Lothar Peter: Postmoderna maldekstra radikalismo – ĉu vojo al nova estonteco? Elgermanigita de Vilhelmo Lutermano, MAS, 2013, 25 p., ISBN 978-2-918300-85-4

89. Ontologio kaj fremdiĝo nuntempe. Domeniko Losurdo: Hegelo, Markso kaj la Ontologio de la socia esto; Claudius Vellay: Fremdiĝo el la vidpunkto de la ontologio de Lukaĉo. Materiisma etiko ĉi-flanke de religio kaj kredo. Elgermanigitaj de Vilhelmo Lutermano, Monda Asembleo Socia (MAS), 2013, 61 p., ISBN 978-2-91830 0-86-1

90. Roberto Ŝtejgervaldo: Postmoderno estas nova melodio al malnova teksto. Elgermanigita de Vilhelmo Lutermano, Monda Asembleo Socia (MAS), 2013, 28 p., ISBN 978-2-918300-87-8

91. Heinz Dieterich: Transiroj al la socialismo en la 21-a jarcento, elgermanigita de Vilhelmo Lutermano, MAS, 2013, 22 p., ISBN 978-2-918300-88-5

92. Frederiko Engelso: Enkonduko al Karlo Markso: Klasbataloj en Francujo 1848 ĝis 1850 (1895), elgermanigita de Vilhelmo Lutermano, MAS, 23 p., 2013, ISBN 978-2-918300-89-2

93. Máté Zalka: Doberdo. Romano tradukita el la hungara de János Petik, MAS, 2013, 317 p., ISBN 978-2-918300-90-8

94. Jean-Guy Allard: Teroristoj de Usono kontraŭ Latinameriko. Artikoloj tradukitaj de Norberto Díaz Guevara kaj de ceteraj MAS-anoj, MAS, 2013, 445 p., ISBN 978-2-918300-78-6

95. Bartolomeo Laskaso: Raporto pri la detruado de Indio, kun Hans' Magno Encensbergo: Retrorigardo en la estontecon. Tradukitaj el la hispana de Ludoviko Serrano Pérez kaj el la germana de Vilhelmo Lutermano, MAS, 2013, 107 p., ISBN 978-2-918300-66-3

96. V. Adoratskij: Kio estas marksismo kaj leninismo. El la rusa lingvo tradukis F. Robiĉek, lingve kontrolis E. Drezen. Reeldono de la verko aperinta ĉe EKRELO laŭ vortrekona skano de la Universala Esperanto-Asocio (UEA) fare de Roy McCoy, redaktita de Vilhelmo Lutermano, MAS, 2013, 36 p., ISBN 978-2-918300-92-2

97. Lenino: Pri religio. Du artikoloj. Socialismo kaj religio, trad. M. Lapin kaj G. Demidjuk; Pri rilato de laborista partio al religio, trad G. Demidjuk; redaktitaj de Vilhelmo Lutermano, MAS, 2013, 28 p., ISBN 978-2-918300-96-0

La Monda Asembleo Socia (MAS) kaj ĝiaj libroj

98. Instituto Markso-Engelso-Lenino: La instruo de Karlo Markso. El la rusa lingvo tradukis P. Gavrilov, N. Incertov, V. Polakov, E. Ŝvedova. Lingve kontrolis V. Polakov. EKRELO, Amsterdamo, 1933. Reeldono ĉe MAS laŭ vortrekona skanado de la Universala Esperanto-Asocio (UEA) fare de Roy McCoy, redaktita de Vilhelmo Lutermano, MAS, 2014, 39 p., ISBN 978-2-918300-95-3

99. Ignacio Ramonet: La eksplodo de la ĵurnalismo. De la amaskomunikiloj al la amaso de komunikiloj. Tradukita de Maria Julia Cárdenas Cápiro kaj Vilhelmo Lutermano, MAS, 2013 , senŝanĝa represo en 2017, 104 p., ISBN 978-2-918300-95-3

100. Karlo Markso kaj Frederiko Engelso: Manifesto de la Komunista Partio, kun enkonduko de Eric Hobsbawm, Elgermanigitaj de Vilhelmo Lutermano, MAS, 2015, 126 p., ISBN 978-2-918300-015-2

101. Frederiko Engelso: La libro de revelacio (La apokalipso de Johano). Elgermanigita de Vilhelmo Lutermano, MAS, 2014, 28 p., ISBN 978-2-918300-97-7

102. Karlo Radeko: Kapitalisma sklaveco kaj socialisma labor-organizo, EKRELO, Lepsiko, 1931, reeldonita de MAS, laŭ vortrekona skanado de la Universala Esperanto-Asocio (UEA) fare de Roy McCoy, redaktita de Vilhelmo Lutermano, MAS, 2014, 43 p., ISBN 987-2-918300-94-6

103. Frederiko Engelso: Pri la loĝejproblemo. Elgermanigita de Vilhelmo Lutermano, MAS, 2014, 80 p., ISBN 978-2-918300-98-4

104. Aleksandro Grin: La mondo brilanta. La vojo nenien. Cent verstoj laŭ rivero. El la rusa tradukis Jurij Finkel. Ilustraĵoj de S. G. Brodskij, MAS, 2014, 434 p., ISBN 978-2-918300-99-1

105. Historio estas farata. Kontribuaĵoj al la materiisma koncepto de historio. Georg Fülberth: La invento de la meztavolo; Lucas Zeise: Pri la homo oeconomicus, pri la ekonomio kaj pri la laboro; Hans-Peter Brenner: La rilato inter homo kaj naturo. Elgermanigitaj de Vilhelmo Lutermano. MAS, 2014, 37 p., ISBN 978-2-36960-001-5

106. Thomas Metscher: Lingvo kiel praktika mondkonscio. Rimarkoj pri la marksa kaj engelsa lingvokoncepto kaj pri ĝiaj sekvoj; Roberto Ŝtejgervaldo: Tutsimple marksismo (recenzo); Thomas Metscher: Breĥto kaj la alta arto de simpleco. Elgermanigitaj de Vilhelmo Lutermano, Monda Asembleo Socia (MAS), 2014, 46 p., ISBN978-2-36960-000-8

107. Milito kaj paco. Berto Breĥto: La memoro de la homaro; Andrew Murray: Milito kaj kontraŭstaro al milito; Erhard Crome: Ĉu jarcento pacifika? Bernd Müller: Du strategioj de la ekspansio orienten; Hermann Kopp: Recenzo de la libro de Peter Strutynski pri senpilotaj flugmaŝinoj por batalo (sepavoj); Thomas Metscher: „Malbenita estu la milito". Politika poezio – pensadoj pri disputata nocio; 15 jaroj NATO-agreso kontraŭ la Federacia Respubliko Jugoslavio; Werner Ruf: La ĝihadisma internacio. Ĉu variaĵo de privata milita entreprenismo?; Andreas Wehr: Pri la aktualeco de la imperiismo-demando. Elgermanigitaj de Vilhelmo Lutermano, MAS, 2014, 82 p., ISBN 978-2-36960-002-2

108. Thomas Metscher: Socialisma avangardo kaj realismo. Pri la estetiko de Dmitri Ŝostakoviĉ. Elgermanigis Vilhelmo Lutermano, MAS, 2014, 40 p., ISBN 978-2-36960-003-9

109. Berto Breĥto kaj la komunismo. Manfred Wekwerth: Breĥto 2006 – kelkaj proponoj; Werner Seppmann: Breĥto kaj la perspektivoj de ŝanĝo; Ernst Schuma-cher: Pensado pri Breĥto en la epoko de tutmondiĝinta kapitalismo; Hans Heinz Holz: La plumarbo kaj la komunismo. Pri la partieco de breĥta liriko; Uwe Jens Heuer: Pri scio kaj kredo; Jost Hermand: Breĥto kiel instruisto de «senburĝeco»; Klaus Höpcke: «Breĥto sur la tagordon»; Sabine Kebir: Berto Breĥto – sendependa komunista intelektulo. Elgermanigita de Vilhelmo Lutermano, MAS, 2015, 116 p., ISBN 978-2-36960-004-6

110. Thomas Metscher: La koncepto de integra marksismo. Teoria koncepto kaj pensado de nova kulturo. Elgermanigita de Vilhelmo Lutermano, MAS, 2015, 33 p., ISBN 978-2-36960-005-3

111. Claude Piron: La bona lingvo. Kun antaŭparolo de Renato Corsetti. MAS, 2015, 104 p., ISBN 978-2-36960-006-0

112. Karlo Markso: La interna milito en Francujo (1871 La Pariza Komunumo). Kun antaŭparolo de Frederiko Engelso. Elgermanigita de Vilhelmo Lutermano. 2-a, reviziita eldono, MAS, 2015, 128 p., ISBN 978-2-36960-017-6

113. Frederiko Engelso: Malfruaj verketoj. Elgermanigitaj de Vilhelmo Lutermano, MAS, 2015, 102 p., ISBN 978-2-36960-008-4

114. Paul Cockshott kaj Allin Cottrell: Socialismo fareblas. Alternativoj el la komputilo. Elgermanigita de Vilhelmo Lutermano, MAS, 2015, 348 p., ISBN 978-2-36960-009-1

115. Karlo Markso: La kapitalo. Volumo I, Kritiko de la politika ekonomio. Libro I: La produktadprocezo de la kapitalo, elgermanigita de Vilhelmo Lutermano, MAS, 2-a eldono, 2015, 763 p., ISBN 978-2-36960-010-7 (en 2015 nur reta, ĉe: http://marxists.org; elĉerp., vidu la **3-an eldonon: n-ro 166**)

116. Boris Kolker; Claude Piron: Kontribuo de la rusa al Esperanto; Esperanto – ĉu lingvo okcidenta?, MAS, 2015, ISBN 978-2-36960-020-6

117. Alfredo Kozingo: Stalinismo, leninismo, marksismo. Elgermanigita de Vilhelmo Lutermano, MAS, 2015, 110 p., ISBN 978-2-36960-019-0

118. Alberto Fumero: Nia vortaro por latinamerikanoj. Español-esperanto, Esperanto-hispana. MAS, 2015, p., ISBN 978-2-36960-021-3

La Monda Asembleo Socia (MAS) kaj ĝiaj libroj

119. Vilhelmo Lutermano: Prezento de Ziskindo "La parfumo". MAS, 2015, 98 p., ISBN 978-2-36960-023-7

120. Claude Piron: La lingva defio. Elfrancigita de Vilhelmo Lutermano kun resumoj. MAS, 2015, 38 p., ISBN 978-2-36960-013-8

121. Evald Vasiljeviĉ Iljenkov: Markso kaj la okcidenta mondo. Elrusigita de Jurij Finkel. MAS, 2015, 42 p., ISBN 978-2-36960-016-9

122. Johano Besada: El la korkelo. Kun Biblio: "Ijobo", notoj kaj postparolo de Vilhelmo Lutermano, MAS, 2015, 58 (68) p., ISBN 978-2-36960-022-0

123. Jozefo de Jesus Campos Pacheco kaj Ramón Gómez Gaytán: Animoj en ludo. Teatraĵo por junuloj en Esperanto kaj en la hispana, kun bildoj de Ciro Hojko – Almas en juego, en esperanto y en español, con ilustraciones de Ciro Hojkar. MAS, 2015, 92 p., ISBN 978-2-36960-024-4

124. Renato Corsetti (sub la respondeco de); Laborgrupo La Bona Lingvo): Faciliga vortaro por Fundamenta Esperanto, 2-a eld., MAS, 2015, 112 p., ISBN 978-2-36960-025-1

125. Detlev Blanke; Sebastian Kirf: Pri planlingvoj, interlingvistiko, Esperanto, lingvopolitiko kaj kelkaj aliaj temoj. Video-Intervjuo kun Detlev Blanke. Realigita kaj vidbende registrita de Sebastian Kirf, 2005-04-09 en la Interkultura Centro en Herzberg/Harz – Hercbergo ĉe Harco – (la Esperanto-urbo). La teksto. Elgermanigita kaj kun "Averto de la tradukinto" kaj postparolo de Vilhelmo Lutermano, MAS, 2015, 150 p., ISBN 978-2-36960-026-8

126. Vilhelmo Lutermano (ed.): La Eŭropa Unio, Greklando kaj la eŭropanoj. Diversaj konceptoj por la estonteco. Tradukitaj de Vilhelmo Lutermano, MAS, 2015, 106 p., ISBN 978-2-36960-027-5

127. C.F. Ramuz: Aline (vd n-ron 1), 2-a eldono, MAS, 2015, 142 p., ISBN 978-2-36960-028-2

128. Luĉano Kanforo: Mallonga historio de la demokratio. De Ateno ĝis la liberalismo. Kun postparolo de Oskar Lafontaine. Elgermanigita de Vilhelmo Lutermano. MAS, 2015, 124 p., ISBN 978-2-36960-029-9

129. Elisée By'Elongo Ish'Eloke: Historio de la Esperanto Movado en Sud-Afriko kaj ties periferioj. Biografie kaj omaĝe por Axel von Blottnitz, kun antaŭparolo de Renato Corsetti kaj postparolo de Vilhelmo Lutermano, MAS, 2015, 188 p., ISBN 978-2-918300-67-0

130. Georgo Fulberto: Marksismo. Elgermanigita de Vilhelmo Lutermano, MAS, 2015, 106 p, ISBN 978-2-36960-030-5

La Monda Asembleo Socia (MAS) kaj ĝiaj libroj

131. Imre Farkas: Mi trapasas "Király-hágó"-n, pordegon de Transilvanio. Infan-romano. Esperantigis [el la hungara]: László Pásztor. Lingve reviziis Renato Corsetti. Kun postparolo de Vilhelmo Lutermano. MAS, 2015, 112 p., ISBN 978-2-36960-031-2

132. Eugen Wüster: Enciklopedia vortaro. Volumo ses (literoj m – o). Ciferecigita, enpaĝigita kaj kun antaŭparolo de Vilhelmo Lutermano. MAS, 2015, 130 p., ISBN 978-2-36960-032-9

133. Karlo Markso kaj Frederiko Engelso: Leteroj al Ludwig Kugelmann en la jaroj 1871 kaj 1872. Elgermanigitaj kaj kun postparolo de Vilhelmo Lutermano. MAS, 2015, 58 p., ISBN 978-2-36960-033-6

134. Martemjan Nikitiĉ Rjutin: Stalino kaj krizo de la proletara diktaturo. El la rusa tradukis Jurij Finkel. MAS, 2015, 168 p., ISBN 978-2-36960-034-3

135. Jean-Pierre Petit: Praeksplodo. Scio sen landlimoj. La aventuro de Anselmo Lupurlup'. Desegnaĵoj de la aŭtoro. Tradukita el la franca de Roland Platteau. Korektita de Javiero Ramos Nistal. MAS, 2015, 88 p., ISBN 978-2-36960-035-0

136. Ernesto Che Guevara: La socialismo kaj la homo en Kubo. – El socialismo y el hombre en Cuba. Elhispanigita de Norberto Díaz Guevara. Dulingva eldono. MAS, 2015, 74 p., ISBN 978-2-36960-036-7

137. Eddy Raats: Rakontetoj. MAS, 2015, 54 p., ISBN 978-2-36960-037-4

138. Eddy Raats: De lange reis. Tradukita de la aŭtoro el Esperanto (el MAS-libroj n-roj 79 kaj 39) al la nederlanda, MAS, 282 p., ISBN 978-2-36960-038-1

139. Eddy Raats: La sagaa vojo de la aŭstria Ocvalo. MAS, 2015, 114 p., ISBN 978-2-36960-039-8

140. José Martí: Nia Ameriko. Tradukita el la hispana de Orlando E. Raola. MAS, 40 p., ISBN 978-2-36960-040-4 (epub: 978-2-36960-041-1)

141. Jurij German: La afero, al kiu vi servas. El la rusa tradukis Jurij Finkel. MAS, 2016, [359] 372 p., ISBN 978-2-36960-042-8

142. Claude Piron (Klaŭdjo): Kompreniĝi inter afrikanoj. Elfrancigita de Vilhelmo Lutermano. Se comprendre entre Africains. Dulingva eldono. MAS, 2016, 62 p., ISBN 978-2-36960-044-2

143. Leo Trocko: Antaŭparolo kaj enkonduko al la germana eldono de "La konstanta revolucio" kaj La malsano de Lenino. Kun biografietoj de Jurij Finkel. Traduko el la germana kaj postparolo de Vilhelmo Lutermano, MAS, 2016, 112 p., ISBN 978-2-36960-045-9

La Monda Asembleo Socia (MAS) kaj ĝiaj libroj

144. Maricela Prendes: Vintraj pretekstoj. Poemoj elhispanigitaj de Aleksandro Tilano, MAS, 2016, 52 p., ISBN 978-2-36960-046-6

145. Danielle Bleitrach; Marianne Dunlop: Sovetio dudek jarojn poste. Reveno el Ukrainujo en milito. Elfrancigita de Roland Platteau kaj Vilhelmo Lutermano, MAS,2016, 240 p., ISBN 978-2-36960-047-3

146. Claude Piron (Klaŭdjo): Vere masoĥistaj, tiuj teranoj! Vraiment maso, ces terriens! Elfrancigita de Vilhelmo Lutermano. Dulingva eldono. MAS, 2016, 50 p., ISBN 978-2-36960-048-0

147. Jorge Camacho: Palestino strangolata. Kun antaŭparolo de Lee Miller. Kovrilo de Pedro de Arce Trujillo. MAS, 2016, 72 p., ISBN 978-2-36960-049-7

148. Leo Trocko: La testamento de Lenino. Elangligis Vilhelmo Lutermano. MAS, 2016, 102 p., ISBN 978-2-36960-052-7

149. Jozefo de Jesús Campos Pacheco kaj Ramón Gómez Gaytán: Luddancejo, kie la nokto ne finiĝas / Bolera S.A. donde la noche no acaba. MAS, 2016, 82 p., ISBN 978-2-36960-053-4

150. Roberto Ŝtejgervaldo: "Koba, por kio vi bezonas mian morton?" Pri la moskvaj procesoj 1936 ĝis 1938. Socialismo kaj ŝtato. Kun biografietoj de Jurij Finkel. Elgermanigitaj de Vilhelmo Lutermano. MAS, 2016, 128 p., ISBN 978-2-36960-054-1

151. L[ev Ivanoviĉ] Ĵirkov: Kial venkis Esperanto? Studo. Leningrada Ŝtata Histori-Lingvistika Instituto; Lingva Komisiono de Sovetrespublikara Esperantista Unio; EKRELO; Leipzig 1931 [Lepsiko 1931]; Reeldono. MAS, 2016, 54 p., ISBN 978-2-36960-055-8

152. Karlo Markso: Enkonduko al Kontribuaĵo al la kritiko de la politika ekonomio. Elgermanigita de Vilhelmo Lutermano. MAS, 2016, 54 p., ISBN 978-2-36960-056 -5

153. Hans Modrow: Survoje por progreso. Renkontiĝoj de diplomato. Sovetio, Gorbaĉovo, Ruslando kaj Latinameriko. Elgermanigita de Vilhelmo Lutermano, MAS, 2016, 124 p., ISBN 978-2-36960-057-2

154. Jozefo V. Stalino: Pri la mankoj de la partilaboro kaj la disponoj por likvidi la trockistajn kaj ceterajn falslangulojn. Referaĵo kaj finparolo en la plenkunsido de la CK de la VKP(b), la 3-an kaj 5-an de marto 1937. Tradukitaj de Vilhelmo Lutermano. Kun biografietoj de Jurij Finkel. MAS, 2016, 232 p., ISBN 978-2-36960-058-9

155. Leo Trocko: La daŭrigata revolucio. Elgermanigita de Vilhelmo Lutermano, MAS, 2016, 416 p., ISBN 978-2-36960-059-6

156. Rozo Luksemburgo: Pri la rusa revolucio. Elgermanigita de Vilhelmo Lutermano, MAS, 2016, 60 p., ISBN 978-2-36960-060-2

La Monda Asembleo Socia (MAS) kaj ĝiaj libroj

157. Vilhelmo Lutermano (ed.): Roza Luksemburgo. Biografieto. Tradukita kaj redaktita laŭ la germanlingva Vikipedio de Vilhelmo Lutermano. MAS, 96 p., ISBN 978-2-36960-061-9

158. Jurij German: Kara mia homo. El la rusa tradukis Jurij Finkel. MAS, 2016, 584 p., ISBN 978-2-36960-062-6

159. Karlo Markso: Salajro, prezo kaj profito. Thomas Kuczynski: Markso popularigas Markson. Enkonduko al Karlo Markso: Salajro, prezo kaj profito. Elgermanigitaj de Vilhelmo Lutermano. MAS, 2016, 110 p., ISBN 978-2-918300-01-4 (elĉerp.; **vidu MAS -libron 226**)

160. Claude Piron [Klaŭdjo]: Psiĥaj reagoj al Esperanto; Afazio; Letero al Leonard Orban; La rajto komuniki. MAS, 2016, 70 p., ISBN 978-2-36960-063-3

161. Elian-J. Finbert: La plej belaj rakontoj pri hundoj. Elfrancigita de Roland Platteau. MAS, 2016, 82 p., ISBN 978-2-36960-064-0

162. Dragan Bunić: La monda federacio. Prezento de la libro. Tradukis el la serba: Zlatoje Martinov. Reviziis: Mireille Grosjean, Rob Moerbeek, Vilhelmo Lutermano. MAS, 2016, 62 p., ISBN 978-2-36960-070-1

163. Eugen Wüster: Enciklopedia Vortaro Esperanta-germana, kvina parto, korno-luzulo, ciferecigita de Aleksandro Tilano. MAS, 2016, 110 p., ISBN 978-2-369 60-066-4 MAS, 2016, 62 p., ISBN 978-2-36960-070-1

164. Alfredo Kozingo: Kiom socialisma estis la reala socialismo? Kontribuaĵo al teorio kaj historio. Elgermanigita de Vilhelmo Lutermano, MAS, 2016, 60 p., ISBN 978-2-36960-067-1

165. Naomi Klein: La decido. Kapitalismo aŭ klimato. Parto unua. Tradukita de Vilhelmo Lutermano, MAS, 2016, 246 p., ISBN 978-2-36960-069-5

166. Karlo Markso: La kapitalo. Volumo I. Kritiko de la politika ekonomio. Libro I: La produktadprocezo de la kapitalo. Elgermanigita de Vilhelmo Lutermano, 3-a, reviziita eldono, MAS, 2016, 924 p., ISBN 978-2-36960-071-8

167. A. Zimin (pseŭdonimo de Elkon Lejkin): Socialismo kaj novstalinismo. El la rusa tradukis Jurij Finkel. MAS, 2016, 144 p., ISBN 978-2-36960-073-2

168. Leo Trocko: Tekstoj antaŭ kaj dum la germana katastrofo. Elgermanigitaj de Vilhelmo Lutermano. MAS, 2016, 86 p., ISBN 978-2-36960-074-9

169. Karlo Markso: La dekoka de brumero de Luizo Bonaparto. Elgermanigita de Vilhelmo Lutermano, MAS, 2016, 146 p., bindita, ISBN 978-2-36960-075-6

La Monda Asembleo Socia (MAS) kaj ĝiaj libroj

170. Fidel Castro Ruz: La historio absolvos min. 2-a eldono, MAS, 2016, 176 p., ISBN 978-2-36960-076-

171. Koffi GBEGLO: Esperantujismo. 2-a eldono, MAS, 2016, 90 p., ISBN 978-2-36960-077-0

172. Rajno Mario Rilko: La kanto pri amo kaj morto de la standardisto Kristoforo Rilko; Duinaj elegioj de la 1-a ĝis 3-a. Bettina Krüger: La kanto pri amo kaj morto de la standardisto Kristoforo; Vikipedio: La Duinaj elegioj. Tradukoj de Ramon Rius Santamaria kaj Vilhelmo Lutermano, MAS, 2017, 70 p., ISBN 978-2-36960 080-0

173. Claude Piron [Klaŭdjo]: La ĉina – mitoj kaj realo. Le chinois – idées reçues et réalité. Dulingva eldono. MAS, 2017, 82 p., ISBN 978-2-36960-081-7

174. Bernard Friot: Salajrec-reto pri investkasoj, mono kaj dumviva salajro. Elfrancigita de Roland Platteau. MAS, 2016, ISBN 978-2-36960-079-4

175: Claude Piron [Klaŭdjo]: Lingva komunikado: kompara esploro farita surloke / Communication linguistique: Étude comparative faite sur le terrain. Dulingva eld. Trad. el la franca de Leo De Cooman. MAS, 2017, 98 p., ISBN 978-2-36960-083-1

176: Monda Asembleo Socia (MAS): Poŝkalendaro 2017, MAS, 2017, 116 p., ISBN 978-2-36960-082-4

177: DIE ZEIT: Ĉu Markso eble tamen pravis?, MAS, 2017, 94 p., ISBN 978-2-36960-084-8

178: Karlo Markso kaj Frederiko Engelso: Manifesto de la Komunista Partio en la tradukoj de Arturo Baker (1908), Emil Pfeffer (1923), (T. Veder [1933]), Detlev Blanke (1990), Vilhelmo Lutermano (2015) kaj la germana originalo. Komp. Vilhelmo Lutermano. MAS, 2017, 386 p., ISBN 978-2-36960-085-5

179. Jurij German: Mi responsas pri ĉio. El la rusa tradukis Jurij Finkel. MAS, 2017, 826 p., ISBN 978-2-36960-086-2

180. Hans Heinz Holz: Pri la konstitucio de la USSR de 1936. Leo Trocko: La USSR en la spegulo de sia nova konstitucio. Tradukitaj de Vilhelmo Lutermano. Kun biografietoj de Jurij Finkel. MAS, 2017, 78 p., ISBN 978-2-36960-087-9

181: Leo Trocko: La rusa revolucio. Kopenhaga parolado, novembro de 1932. Pri oportunista distordo de historio de la Februara revolucio. Deklaro de reprezentantoj de komunistaj kaj laboristaj organizaĵoj, unuiĝintaj en Organiza komitato «Oktobro-100», 20-an de Marto 2017, Leningrado. Leo Trocko: La tragedio de la germana proletaro. Tradukitaj de Vilhelmo Lutermano kaj Jurij Finkel, respektive. MAS, 2017, 70 p., ISBN 978-2-36960-089-3

La Monda Asembleo Socia (MAS) kaj ĝiaj libroj

182. Jany Quiñones Valdés: Panoramo de kuba popola muziko. MAS, 2017, ISBN 978-2-36960-090-9

183. Leo Trocko: La Cimervalda Manifesto; Pri la aktualeco de la slogano „Unui-ĝintaj Ŝtatoj de Eŭropo"; Rozo Luksemburgo kaj la 4-a Internacio; Burĝa demokratio kaj la batalo kontraŭ la faŝismo; Bolŝevismo kaj stalinismo. Tradukitaj de Vilhelmo Lutermano. MAS, 2017, 78 p., ISBN 978-2-36960-092-3

184. Leo Trocko: Pri dialektika materiismo. Eltiraĵoj el la notlibro de Trocko de 1933 ĝis 1935; Naŭdek jaroj da Komunista Manifesto. Tradukitaj de Vilhelmo Luterma-no. MAS, 2017, 52 p., ISBN 978-2-36960-091-6

185. Alfredo Kozingo: „Stalinismo". Esploro pri origino, esenco kaj efikoj. Elger-manigita de Vilhelmo Lutermano. Kun postparolo de Jurij Finkel. MAS, 2017, 480 p., ISBN 978-2-36960-093-0

186. Theodor Bergmann: Strukturproblemoj de la komunista movado. Erarvojoj, kritiko, novigo. Elgermanigita de Vilhelmo Lutermano, MAS, 2017, 300 p., ISBN 978-2-36960-095-4

187. Leo Trocko: 1917 La instruoj de la Oktobro (1924). Esperantigita de Vilhelmo Lutermano, MAS, 2017, ISBN 978-2-36960-096-1

188. Альфред Козинг: «Сталинизм». Исследование происхождения, сущности и результатов [ruslingva versio de MAS 185]. MAS, 2017, 418 p., ISBN 978-2-36960-097-8 (epub 978-2-36960-101-2)

189. Jozefo Kampo Paĉeko; José de Jesús Campos Pacheco: Ne kredu ĉion Duling-va eld. (Esperanto kaj hispana), MAS, 2017, 72 p., ISBN 978-2-36960-098-5

190. Juan Ramón Rodríguez Gómez: El Esperanto en Cuba. Tomo 1 (1904-1973) (hispanlingva). MAS, 2017, 232 p., ISBN 978-2-36960-099-2

191. Vladimir Majakovskij: Bone! Poemo de l' Oktobro. 2-a eld., MAS, 2017, 114 p., ISBN 978-2-36960-100-5

192. Federico García Lorca: Liriko. Elhispanigita de K[onstantin] Gusev. 2-a eld., MAS, 2017, ISBN 978-2-36960-107-4

193. Div.: La masakro de Katino (Katyń). Tradukita de Vilhelmo Lutermano. MAS, 2017, 136 p., ISBN 978-2-36960-105-0

194. Miĥail Lermontov: Elektitaj versaĵoj. (2-a eld.), MAS, 2017, ISBN 978-2-36960-108-1

195. Le Monde diplomatique en Esperanto: La Oktobra Revolucio centjara. MAS, 2017, 84 p., ISBN 978-2-36960-109-8; (epub 978-2-36960-110-4)

La Monda Asembleo Socia (MAS) kaj ĝiaj libroj

196. Leo Trocko: Ilia moralo kaj la nia; Por Grynspan. Kontraŭ faŝistaj pogromklikoj kaj stalinistaj friponoj; Pri la teroro; La usona pacismo; La aŭstra krizo, la socialdemokrataro kaj la komunismo; Arto kaj revolucio. Tradukitaj de Vilhelmo Lutermano. MAS, 2017, 92 p., ISBN 978-2-36960-111-1; (epub 978-2-36960-115-9)

197. Jakvo Santano: Pri amo. Historietoj ktp. MAS, 2018, 94 p., ISBN 978-2-36960-112-8

198. Paul Signoret: Gracio kaj senhaveco. MAS, 2018, ISBN 978-2-36960-113-5 (abortigita)

199. Leo Trocko: Antaŭ nova mondmilito (1937); Instruoj de Hispanujo, lasta averto (1937); La ĝemelaj steloj Hitlero-Stalino (1939). Tradukitaj de Vilhelmo Lutermano. MAS, 2018, 74 p., ISBN 978-2-36960-114-2; 199a. Epub-versio de 199. MAS, ISBN 978-2-36960-116-6

200. Eric Lee: La eksperimento. La forgesita revolucio de Kartvelujo 1918-1921. MAS, 2018, 248 p., ISBN 978-2-36960-117-3; (epub 978-2-3660-126-5)

201. Majra Nuñez Hernández k.a.: Tao de la vojaĝanto : Dek ses ĉinaj legendoj kaj infanrakontoj. MAS, 78 p., ISBN 978-2-36960-118-0 (epub 978-2-36960-128-9)

203. Jozefo Kampo Paĉeko; David Alonso Pupo: Legendo pri Linko / La leyenda del Lince. Dulingva eldono. MAS, 2018, 60 p., ISBN 978-2-36960-120-3

204. Jurij German: Operaco „Bonan novan jaron". El la rusa tradukis Jurij Finkel. MAS, 180 p., ISBN 978-2-36960-119-7 (epub 978-2-36960-121-0)

205. Ŝota Rustaveli: Kavaliro en tigra felo. Traduko [el la kartvela] al Esperanto de Zurab Makaŝvili, Kompilis kaj redaktis komputilan version de la poemo Nana ĤIZAMBARELI en la jaro 2013-a, lingve reviziis Renato Corsetti. 2-a, reviziita eldono, MAS, 2018, 336 p., ISBN 978-2-36960-133-3

206. Jozefo Kampo Paĉeko: La nevo de mafio / José de Jesús Campos Pacheco: El sobrino de la mafia. MAS, 2018, 70 p., ISBN 978-2-36960-143-0

207. Rozo Luksemburgo: La krizo de la socialdemokrataro (Junius-broŝuro). Kun Lenino: Pri la Junius-broŝuro. Elgermanigitaj de Vilhelmo Lutermano. Bindita, MAS, 226 p., ISBN 978-2-36960-149-4; (epub 978-2-36960-150-0)

208. Stéphane Charbonnier: Letero al la friponoj de islamofobio kiuj kaŝhelpas rasistojn. Elfrancigita de François Vilhelm, kontrollegita de Paul Signoret. MAS, 60 p., ISBN 978-2-36960-137-1. (epub 978-2-36960-138-8)

209. Frederiko Barono Kress von Kressenstein (artileri-generalo e.s.): Mia misio en Kaŭkazio. Memoraĵoj pri la Kartvela Respubliko en 1918. Elgermanigita de Vilhelmo Lutermano. MAS, 2018, 86 p., ISBN 978-2-36960-140-1 (epub 978-2-36960-141-8)

La Monda Asembleo Socia (MAS) kaj ĝiaj libroj

210. Alberto Ejnŝtejno k.a.: Socialismo kaj komunismo. Alberto Ejnŝtejno: Kial socialismo?; Frederiko Engelso: Principoj de komunismo; Klaro Cetkino: La tezoj de la laborista regado; Jean Jaurès: La respublika politiko kaj la socialismo. Kun bibliografietoj de la aŭtoroj. Tradukitaj de Norberto Díaz Guevara kaj Vilhelmo Lutermano. MAS, 2018, 88 p., ISBN 978-2-36960-148-7 (epub 978-2-36960-252-7)

211. Claude Piron: Pri lingvaj problemoj. MAS, 2018, 124 p., ISBN 978-2-36960-152-4 (epub 978-2-36960-153-1)

212. Eddy Raats: I La vivo de orkestromuzikisto. II La arĉinstrumentoj. MAS, 2018, 60 p., ISBN 978-2-36960-154-8

213. Gonçalo Neves; Bernhard Pabst: Historia vortaro de Esperanto 1887-1890. Berlina Komentario pri la Fundamento de Esperanto, vol. 12. 2017-2018. Stato: 2018-09-08. 1-a presita eld. MAS, 2018, 506 p., ISBN 978-2-36960-155-5 (epub 978-2-36960-156-2)

214. Arkadij Gajdar: Du noveloj. Elrusigitaj de V. Samodaj kaj E. Ostroĵnikova. 2-a eld., ciferecigita de Aleksandro Tilano (Alejandro Tilán). MAS, 2018, 120 p., ISBN 978-2-36960-157-9 (epub 978-2-36960-158-6)

215. Géza Gárdonyi: La homo nevidebla. Historia romano. Elhungarigis Ladislao Pásztor. MAS, 2018, 428 p., ISBN 978-2-36960-159-3 (epub 978-2-36960-160-9) (ambaŭ versioj de tiu ĉi titolo estas nuligitaj)

216. Alfredo Kozingo: Supreniro kaj pereo de la reala socialismo. Okaze de la 100-a datreveno de la Oktobra Revolucio. Elgermanigita de Vilhelmo Lutermano, MAS,2018, ISBN 978-2-36960-167-8 (epub 978-2-36960-168-5)

217. Tomaso Kraŭso (Tamás Krausz): 1917 – Cent jaroj, cent mesaĝoj. Okaze de la 100-jariĝo de la Oktobra Revolucio. Elhungarigita de Johano Petik, MAS, 2018, 76 p., ISBN 978-2-36960-169-2; (epub 978-2-36060-170-8)

218. Leo Trocko: La milito kaj la Internacio (1914). Tradukita de Vilhelmo Lutermano, MAS, 2019, ISBN 978-2-36960-171-5 (epub 978-2-3660-172-2)

219. MAS: Poŝkalendaro 2019. MAS, 2019, 118 p. ISBN 978-2-36969-173-9

220. Ludoviko Lazaro Zamenhof: Gramatiko de la jida lingvo. Provo de gramatiko de la novjuda lingvo (de la ĵargono). Traduko el la rusa, **Enkonduko** kaj **Rimarkoj** de J. Kohen-Cedek, **Pri la traduko** de Adolf Holzhaus. Retajpita kaj enpaĝigita de Vilhelmo Lutermano, MAS, 2019, 132 p., bindita, ISBN 978-2-36960-176-0

(221.) Ewa Geller: La multece miskonata Jida Gramatiko de Ludoviko Zamenhof; Christer Kiselman: La jidogramatiko de Zamenhof kaj lia Lingvo universala. Mallonga versio. MAS, 2019, 60 p. (presado abortigita; anstataŭe la sekva)

La Monda Asembleo Socia (MAS) kaj ĝiaj libroj

221. Karlo Markso: Respondo al Vera Zasuliĉ. Kun Klaus Gietinger: La miskompreno kaj Frederiko Engelso: Postparolo. Elgermanigitaj de Vilhelmo Lutermano. MAS, 2919, 116 p., ISBN 978-2-36960-182-1 (epub 978-2-36960-183-8)

222. Zdravka Metz: Bestoj en nia domo. (3-a eld.). MAS, 2019, 60 p., ISBN 978-2-36960-174-6 (epub 978-2-36960-175-3

223. Iljet Aliĉka (Ylljet Aliçka: Sloganoj el ŝtonoj. (2-a eld.). MAS, 2019, 140 p., ISBN 978-2-36960-178-4 (epub 978-2-36960-179-1

224. Ylljet Aliçka: Steinerne Parolen. [Germanlingva eld. de MAS 223]. MAS, 2019, 154 p., ISBN 978-2-36960-180-7 (epub 978-3690-181-4)

225. Альфред Козинг: Восхождение и гибель реального социализма. К 100-летиюОктябрьской революции, tradukita el Esperanto al la rusa de Jurij Finkel, MAS, 2019, 736 paĝoj, ISBN 978-2-36960-184-5 (epub 978-2-36960-185-2) [rusa versio de MAS 216]

226. Karlo Markso; Salajro, prezo kaj profito; Thomas Kuczynski: Enkonduko. 2-a, korektita eldono, MAS, 2019, 114 p., ISBN 978-2-36960-186-9 (epub 978-2-36960-187-6)

227. Adem Demaçi: La sangovenĝaj serpentoj. Romano. Traduko el la albana lingvo kaj antaŭparolo de Bardhyl Selimi, MAS, 2019, 120 p., ISBN 978-2-36960-186-3 (epub 978-2-36960-187-6)

228. E. Lanti kaj M. Ivon: Ĉu socialismo konstruiĝas en Sovetio? Reeldono de la eld. de 1935 kun notoj de Vilhelmo Lutermano kaj Jurij Finkel; **Leo Trocko: Laborista ŝtato, Termidoro kaj bonapartismo. Historia-teoria esploraĵo (1932/35)**, MAS, 2019, 170 p., ISBN 978-2-36960-191-3 (epub 978-2-36960-192-0)

229. Leo Trocko k.a.: Platformo de la dek tri kaj aliaj tekstoj pri la reala situacio en Sovetio en la jaro 1927. Tradukita de Vilhelmo Lutermano kaj Jurij Finkel. MAS, 2019, 284 p., ISBN 978-2-36960-193-7 (epub 978-2-36960-194-4)

230. Л. Д. Троцкий и др.: Проект платформы большевиков-ленинцев (оппозиции) к XV съезду ВКП(б) (Кризис партии и пути его преодоления). [la ruslingva originalo de la 1-a parto de MAS 229], MAS, 2019, 134 p., ISBN 978-2-36960-195-1 (epub 978-2-36960-19-8)

231. Roland Platteau (komp.): En la lumo de ekmiroj. Travagado inter poeziaĵoj de la mondo. Tradukitaj de Roland Platteau. MAS, 2019, ISBN 978-2-36960-197-5 (epub: 978-2-36960-19-2)

La Monda Asembleo Socia (MAS) kaj ĝiaj libroj

232. Leo Trocko: Inter imperiismo kaj revolucio. La bazoj de la revolucio ĉe la unuopa ekzemplo de Kartvelujo. Tradukita de Vilhelmo Lutermano. MAS, 2019, 200 p., ISBN 978-2-36960-199-9 (epub 978-2-36960-200-2)

233. Leo Trocko: Venko de Hitlero signifas militon kontraŭ la USSR; La 4-a Internacio kaj la USSR; La stalina burokrataro kaj la Kirov-murdo. Tradukitaj de Vilhelmo Lutermano. MAS, 2019, 100 p., ISBN 978-2-36960-201-9 (epub 978-2-36960-202-6)

234. Alan Woods: La Oktobra Revolucio. Ĝia signifo. Intervjuo: Alan Woods pri la Rusa Revolucio. Elgermanigitaj de Vilhelmo Lutermano. MAS, 2019, 86 p., ISBN 978-2-36960-203-3 (epub 978-2-36960-204-0)

235. Eddy Raats: The Long Journey. A Young Child's Experiences. Translated by Dr. Ian Richmond, Ph.D., [angla versio de MAS 79]. MAS, 2019, 130 p., ISBN 978-2-36960-205-7 (epub 978-2-36960-206-4)

236. Karlo Markso: Dunglaboro kaj kapitalo. Elgermanigita de Vilhelmo Lutermano. 2-a eld., MAS, 2019, 72 p., ISBN 978-2-36960-207-1 (epub 978-2-36960-208-8)

237. Eddy Raats: From the Frying Pan ... A Young Boy's Experiences. Translated by Dr. Ian Richmond, Ph.D. [angla versio de MAS 39], MAS, 2019, 142 p., kolora, ISBN 978-2-36960-209-5 (epub 978-2-36960-210-1)

238. Ouida: La flandra hundo. Nelo kaj Patraco. El la angla tradukis Eddy Raats. MAS, 2019, 72 p., ISBN 978-2-36960-211-8 (epub 978-2-36960-212-5)

239. José Carlos Mariátegui: Sep interpretaj eseoj pri la perua realo. Elhispanigitaj de Franklin Montenegro Rosas, MAS, 2019, 400 p., ISBN 978-2-36960-213-2 (epub 978-2-36960-214-9)

240. Aage Kjelsø (red.): La permanenta revolucio. Organoj de la bolŝevistoj-leninistoj. Propagandas la Kvaran Internacion. Sola teoria marksisma organo en Esperanto (gazeto). MAS, 2020, A4, 100 p., ISBN 978-2-36960-215-6 (epub 978-2-36960-216-3)

241. Karlo Markso: Leĝo de la tendenca falo de la profitkvoto. Elgermanigita de Vilhelmo Lutermano. MAS, 2020, 118 p., ISBN 978-2-36960-217-0 (epub 978-2-36060-218-7)

242. Vladimir Bogomolov: La momento de vero (En aŭgusto de la kvardek kvara). Elrusigis Jurij Finkel. MAS, 2020, 452 p., ISBN 978-2-36960-215-4 (epub 978-2-36960-220-0).

243. Franco Kafko: Rakontaro. Elgermanigitaj de Vilhelmo Lutermano. MAS, 2020, 690 p., ISBN 978-2-36960-221-7 (epub 978-2-36960-222-4).

La Monda Asembleo Socia (MAS) kaj ĝiaj libroj

244. Alberto García Fumero; Guido Hernández Marín: Nia vortaro por latiname-rikanoj. 2-a, ampleksigita eld., MAS, 2020, …p., ISBN 978-2-36960-223-1 (epub 978-2-36960-224-8)

245. Karlo Markso; Frederiko Engelso: Tezoj pri Fojerbaĥo; Principoj de komunismo kaj aliaj verketoj. 2-a, korektita eld. de MAS-numero 25, MAS, 2020, …p., ISBN 978-2-36960-225-5 (epub 978-2-36960-226-2)

246. Lucien Sève: Bioetiko kaj demokratio – Kio estas la homa persono? Elfrancigis Francis Thiedrez. MAS, 2020, …p, ISBN 978-2-36960-227-9 (epub 978-2-36960-22-6)

247. Carl Støp-Bowitz k.a.: Enkonduko en biologion. MAS, 2020, 62p. A4, ISBN 978-2-36960-229-3 (epub: 978-2-36960-230-9)

248. V. I. Lenin: Artikoloj. Tradukitaj el la rusa de Jurij Finkel. MAS, 2020, ISBN 978-2-36960-231-6 (epub 978-2-36960-232-3)

249. Vejdo (red.): 300 Cin-poemoj. Tradukitaj el la ĉina de Vejdo, MAS, 2020, …p., ISBN 978-2-36960-233-0 (epub 978-2-36960-234-7)

250. MAS: Poŝkalendaro 2020. MAS, 2020, 118 p., ISBN 978-2-36960-236-1

251. Paŭlo Lafargo (Paul Lafargue): La rajto je pigro. Tradukita el la franca de Kribo. 2-a eld. MAS, 2020, 88 p., ISBN 978-2-36960-238-5 (epub 978-2-36960-239-2)

La libroj de la Monda Asembleo Socia (MAS) haveblas ĉe la kutimaj libroservoj en

Esperantujo, ĉefe ĉe tiuj de UEA kaj FEL. Membroj de MAS povas senpage elŝuti la

ciferecajn versiojn de la libroj.

Enpaĝigita de la Monda Asembleo Socia (MAS) en formato 14 · 21,6 cm kun marĝenoj spegulitaj de 1,40 cm (supre kaj ekstere) kaj 2,16 cm (interne kaj malspre) per LibreOffice 6.0.7.3 kaj litertiparoj Liberation Serif 12 (teksto), 10 (piednotoj) kaj 8 punktoj ("ŝanĝoj" kaj librolisto) sub Linukso Mint

Presita en Britujo en la jaro 2020

Lightning Source UK Ltd.
Milton Keynes UK
UKHW040818010322
399388UK00003B/112